RISCALDAMENTO GLOBALE

L'IPERTERMIA DEL PIANETA

HOMO ENERGIVORO
Verso l'estinzione?

Gioacchino Crifasi
Agronomo

Premessa

"Nel mezzo del cammin di nostra vita, mi ritrovai per una selva oscura, che la diritta via era smarrita", iniziava così Dante la sua Divina Commedia.

Siamo nel 1300 d.C. e il sommo poeta attestava lo smarrimento della diritta via. Quale Cassandra del medio evo già in quei tempi presagiva che qualcosa non tornava e che l'uomo si avviava verso un percorso oscuro e nebuloso.

Ma era lungi dall'immaginare che, con l'avanzare dei secoli, l'essere più intelligente del sistema solare avrebbe usato il suo intelletto contro sé stesso, mettendo in discussione la sacralità, l'unicità della sua stessa vita.

La diritta via era smarrita.

Lo era e lo è?

Da tale profezia dantesca nasce il mio desiderio, anzi il bisogno, di approfondire tematiche e problematiche dell'uomo moderno e tentare, se mi sarà possibile, di dare un contributo di sensibilizzazione, aprendo gli occhi e le menti dei miei consimili prima che il tutto divenga irreversibile e irrimediabilmente compromesso.

Mi rendo conto che affrontare un tema come quello che io intendo analizzare, è, non solo fortemente impegnativo, ma probabilmente proibitivo, ma ritengo sia essenziale uno sforzo di interpretazione della selva oscura, decifrando anche con una certa immediatezza fin dove si spinge il pensiero delle menti pensanti della nostra umana esistenza.

Menti pensanti!!!!

Mi sembra una definizione velleitaria se consideriamo quale è stato il cammino del nostro recente passato e quello attuale dell'uomo sulla terra.

Una mente veramente ed autenticamente pensante opera con grande attenzione e oculatezza, valuta per tempo tutte le strategie da attuare, analizza tutti i fattori sia positivi che negativi del suo fare, cerca di comprenderne gli sviluppi nel tempo, si occupa di pianificare tenendo conto delle sue esigenze e di quelle del mondo tutto che lo circonda, per portare avanti dei progetti che creino l'armonia del creato e delle sue creature.

L'intelligenza dell'uomo ha seguito questo percorso?

No!!!!!

Forse è stato condizionato da una insubordinata forza interiore che lo ha portato e lo sta conducendo a comportamenti lontani dalla diritta via?

Probabile!!!

Intanto il risultato è sotto gli occhi di tutti.

L'essere umano continua imperterrito a percorrere la via delle selve oscure.

Introduzione

Una nottata di tribolazione.

Sogni che si accavallavano uno dietro l'altro in un susseguirsi tumultuoso, spaventosamente orripilante, ma con un unico filo conduttore che mi faceva star male, quasi fosse un oracolo di cattivi presagi.

Intorno a me il CAOS.

In pieno giorno una flebile luce che illuminava la terra pur in assenza di nuvole.

Il sole come candela agli ultimi bagliori.

Aria irrespirabile, fiumi e laghi quasi asciutti con la poca acqua rimasta di color catrame, con vicine montagne di rifiuti, tanta plastica. Il mare di un grigio spento.

Nessun albero a perdita d'occhio, né distese di verde.

Nessuna traccia di esseri umani né tantomeno di animali.

Silenzio surreale.

Solo, era come se fossi rimasto solo al mondo.

Avrei voluto gridare, ma la paura mi attanagliava la gola.

Tutto sembrava così reale che, preso dallo sgomento e dalla paura, ho lanciato un grido di aiuto che nessuno ascoltava né raccoglieva.

Ad un tratto, nei meandri di questo sogno nefasto, avverto il flebile pianto di un neonato.

In quell'assordante silenzio, quel pianto, fa nascere in me la speranza di non essere solo.

Mi sveglio di soprassalto!!!!!!

Non è più un sogno……. continuo a sentire quel pianto.

Già, quello che sento è il pianto del neonato della giovane coppia della porta accanto. Il ritorno al mondo reale.

Ma quel pianto, dopo la stranezza di quei sogni, non è solamente la voce di un bimbo.

No!!!!

Quel pianto rappresenta per me il sussulto, il grido, l'irrompere nella mia mente della voce del creato, anche se di provenienza da quella piccola creatura.

Si, quella creatura, in quel momento e dopo il catastrofismo di quei miei sogni notturni, è l'emblema della vita sulla terra e non solamente!!!!

Può essere l'essenza medesima, addivenuta materia, dell'alito di Dio che domina il creato e che si estrinseca nell'uomo, negli animali, nei pesci, nelle piante, nei batteri, nei virus e in ogni altro organismo ove essa pulsa, nel cielo, nel sole, nell'aria, nell'acqua, nel fuoco.

Mi chiedo perché di quel sogno.

Cosa ha prodotto, innescato, promosso e rimescolato tutto ciò che ho sognato.

Non è di certo catastrofismo, per mia natura sono stato sempre pervaso da un intenso ottimismo, ma si tratta sicuramente di una elaborazione mentale del nostro passato, di ciò che abbiamo appreso dai libri di storia, di tutto quello che abbiamo vissuto nel corso di questa vita, di ciò cui abbiamo assistito negli ultimi decenni e che quotidianamente viviamo e vediamo intorno a noi.

Adesso che sono sveglio e con la mente lucida, voglio, fortissimamente voglio capire cosa sta combinando il genere umano su questa nostro mondo, cosa vuol fare ancora e dove vuole arrivare. Ecco, sento il bisogno di assecondare quel sogno e cercare di captare il messaggio che contiene.

Questo messaggio non è astratto, sfuocato, immaginario.

No, non lo è.

È sotto i nostri occhi, tangibile, palpabile, che ciascun essere vivente vede, percepisce e comprende, ma che si rifiuta di vedere, percepire e comprendere. Un messaggio che è una chiara lettura di come stiamo trattando il pianeta, di come lo stiamo riducendo, dello stato di salute del nostro sistema terracqueo-aria, alla quale metamorfosi, non vogliamo assolutamente dare un nome, una precisa definizione.

Un messaggio che ci dice che in nome del nostro buon vivere, della nostra megalomania, della ricerca forsennata del potere umano che sovrasti anche quello della natura, della nostra altezzosa superbia, di sfida a tutto ciò che non è nella nostra comprensione, che ci è ignoto, siamo disposti a sacrificare questo paradiso che vanta 4,5 miliardi di anni e dal quale ha preso vita questo essere che oggi con boria e arroganza intende sostituirsi al Creatore.

Homo, qui es..... chi tu sei?

Chi sei tu per inquinare i mari, l'acqua che ti disseta, per contaminare l'aria, alterare il clima, distruggere i boschi, far sciogliere i ghiacciai, desertificare il pianeta. Chi sei tu per affamare i tuoi fratelli, per sfruttarli oltre ogni immaginazione e persino creare mezzi di offesa per sterminarli.

Vivevi di caccia e pesca per quanto necessario ai tuoi bisogni, facevi il contadino arando la terra con il bue, pascolavi sereno le tue greggi, rispettavi la natura e le sue leggi.

E adesso?

Quid facti estis ...cosa sei diventato?

Libero di violentare la terra che calpesti compreso il sottosuolo, consapevole che hai a che fare con la violenza dei terremoti e con il fuoco dei vulcani e di spandere veleno per tutti gli
esseri viventi.

Libero di alterare il respiro della terra, di insudiciare il paradiso in cui vivi per dare sfogo ai bisogni della tua quotidianità,
di correre sempre più velocemente, di volare sempre più in alto
a qualunque costo, di perseguire voluttuosamente un crescente
bisogno di agiatezza, di comodità, di lussuria.

Con la tua intelligenza potresti essere il padrone del mondo
ma non lo sei.

Ti sei speso per millenni in guerre e genocidi, fratello contro
fratello, ma almeno preservavi il creato e tutti gli altri esseri viventi.

Adesso, negli ultimi due-tre secoli della tua storia, hai completamente perso il senno.

Sei disposto a tutto, anche ad una eventuale irreparabile
estinzione, pur di assecondare la tua vanità.

PARTE 1ª

La storia del pianeta

Il pianeta terra, nell'ambito del sistema solare, si forma circa quattro miliardi e mezzo di anni fa.

Semplicemente una massa rocciosa sferica ad altissima temperatura.

Dopo un miliardo di anni è comparsa l'acqua che secondo alcune ipotesi deriverebbe dalla caduta di meteoriti di ghiaccio oppure, più probabilmente, dalla condensazione di gas.

Tre miliardi e mezzo di anni addietro compaiono le prime forme di vita con la comparsa di batteri unicellulari e alghe schizofite a struttura cellulare semplice che vivono nelle acque terrestri.

Questi organismi si sviluppano e si moltiplicano per circa tre miliardi di anni rappresentando l'unica forma vivente del pianeta.

Le alghe, in particolare, svolgono un'azione essenziale nel processo evolutivo terrestre.

Grazie all'energia solare determinano la scissione dell'ossido di carbonio dando luogo alla liberazione di ossigeno. La terra a poco a poco si arricchisce di questo prezioso elemento essenziale per la vita futura sul pianeta.

Continua il processo evolutivo e già intorno a 650 milioni di anni fa compaiono i primi veri abitanti del pianeta e cioè gli invertebrati (polipi, meduse, ecc.) e i vertebrati(pesci).

Siamo nel Paleozoico.

Fa la sua comparsa la vegetazione sulla terra e quindi i primi animali sulla terraferma: gli artropodi (scorpioni, ragni, ecc.) e contemporaneamente le prime forme vegetali.

Dopo altri 400 milioni di anni circa e cioè 250 milioni di anni fa, il mesozoico che con il cretacico, il giurassico e il triassico vede la comparsa di rettili, uccelli e mammiferi. La vegetazione nel pianeta diventa sempre più ampia con abbondanza di foreste.

Ecco, la vegetazione. Con la fotosintesi clorofilliana le piante divengono la fonte alimentare per i primi abitanti del pianeta.

Passano ancora 200 milioni di anni e circa 50 milioni di anni orsono compaio i primati comprendenti proscimmie, scimmie, ominidi.

Sono trascorsi tre miliardi e 450 milioni di anni dalla comparsa di batteri e alghe durante i quali la terra, senza elementi innaturali di disturbo ha maturato un ambiente unico in tutto il sistema solare ove animali e piante si sviluppavano in un equilibrio perfetto che continua ad evolversi ancora per altri 46 milioni di anni fino a quattro milioni di anni addietro quando compaiono i primi ominidi, gli australopitechi, che da una posizione carpone, iniziano a camminare su due gambe.

Piccoli di statura, con cervello e fronte piccola, vivevano in gruppo per garantirsi difesa e caccia.

Ancora due milioni di anni ed ecco la comparsa l'homo habilis che utilizzava i primi strumenti rudimentali in pietra per la caccia, divenendo da vegetariano onnivoro.

Il percorso evolutivo di questi ominidi determinava la conformazione di un cervello più sviluppato dell'australopiteco e l'inizio della comunicazione con gesti.

Un milione e mezzo di anni addietro la comparsa dell'homo erectus. Con portamento eretto, viveva in capanne e comprendeva l'uso del fuoco.

Trecentocinquantamila anni addietro ecco l'uomo di Neanderthal.

La consistenza corporea si è evoluta. È diventato robusto e muscoloso. Realizza strumenti per la caccia e l'offesa in selce, legno ed osso. Viveva in gruppi numerosi.

Infine duecentomila anni addietro dalla catena evolutiva fa la sua comparsa sulla terra l'Homo Sapiens che si evolve in Africa e successivamente si trasferisce in Europa e nel resto del mondo, ibridandosi con i Neanderthal e determinando una commistione genetica ove prevalgono le caratteristiche somatiche dei sapiens. Circa quarantamila anni addietro l'estinzione dei Neanderthal ma che pur tuttavia residuano geneticamente nei sapiens ai quali trasferiscono delle caratteristiche genetiche.

Il sapiens continua la sua inarrestabile evoluzione e già 50.000 anni fa compie un grande balzo evolutivo. Comincia a parlare, adotta tecniche di caccia complesse, addomestica cani ed altri animali, seppellisce i morti, crea vestiario con pelli di animali, incide forme di animali sulle rocce, sviluppa l'agricoltura e la pesca. Siamo all'età della pietra e per 45 mila anni il sapiens vive il pianeta integrandosi nel sistema creato senza minimamente alterarne l'equilibrio.

Circa 5.000 anni fa finisce l'età della pietra ed inizia quella del bronzo con la produzione di attrezzi in rame e stagno.

L'uomo comincia a scrivere.

Da qui il via ad una nuova evoluzione del sapiens.

La sua sopravvivenza è sempre garantita dall'esercizio della caccia, della pesca e dall'agricoltura. Prendeva ciò che la natura, secondo i suoi cicli produttivi gli forniva, ma avviava le prime forme di sfruttamento del pianeta.

Con l'età del bronzo inizia lo sfruttamento del sottosuolo dal quale veniva estratto il rame che, unito in lega con lo stagno, permetteva di produrre il bronzo, materiale che essendo più leggero della pietra e del rame veniva utilizzato per costruire attrezzi, armi e manufatti di varia natura.

Eccoci arrivati a tremila fa con l'età del ferro.

Comincia con questo materiale la produzione massiccia di armi e attrezzi da lavoro.

La metallurgia cambia il corso evolutivo del sapiens.

Sempre più produzione di armi, di utensileria varia, scambi commerciali.

Inizia l'era moderna e si incrementa fortemente lo sfruttamento del sottosuolo.

Viene fuori la natura umana, la sua bellicosità, la voglia sempre più forte di espansione, di conquiste, di ricchezza e di dominio.

Ha inizio la compromissione dell'equilibrio del pianeta durato per milioni di anni.

Ma con il passare dei secoli la crescente inarrestabile tendenza del sapiens è quella di appagare la sua vanità umana fin quando non giungiamo a cinquecento anni addietro durante il quale periodo il sapiens attiva, evolve strategie innovative per migliorare la propria presenza sul pianeta.

Cominciano le invenzioni.

La mente del sapiens si evolve sempre di più.

Vero è che già nel periodo ellenico e quindi romano, si è avuta la presenza di personaggi con menti particolarmente fulgide quale Aristotele (filosofo e scienziato), Socrate (filosofo) ed altri quali Archimede (matematico e fisico) e che la voglia di viaggiare induceva tanti a esplorare il mondo già nel 1275 con la scoperta della Cina, ma questa tendenza esplodeva a partire dall'anno 1492 quando avviene la scoperta dell'America del nord e qualche anno dopo del sud America.

L'uomo e gli esploratori da quel momento non si fermano più.

Nel 1909 la scoperta del polo nord, nel 1911, con la scoperta del sud, di fatto si conclude il periodo delle grandi esplorazioni. L'uomo conosce il pianeta.

Ma occorre fermarsi un momento per fare delle valutazioni.

Perché in quel periodo la febbre per le esplorazioni?

Le nazioni in quell'epoca più evolute dal punto di vista organizzativo, economico e sociale, incoraggiavano e finanziavano queste esplorazioni.

Voglia di conoscenza? Anche.

L'obiettivo principale era la corsa alle risorse, alle ricchezze ed ai tesori nel cosiddetto nuovo mondo. Vi ci si recava per depredare, per rubare ciò che possedevano i "selvaggi" e questo è stato solo l'inizio di un processo che con filosofie e attenuanti generiche, continua sino ad adesso e che, per la natura umana, non si esaurirà mai.

Questa voglia di conquista viene confortata da chi, come il mondo scientifico, con o senza consapevolezza, ha accompagnato l'evoluzione del sapiens a partire dal 500.

Copernico matematico e astrologo (1500), Leonardo da Vinci scienziato, inventore, artista (1500), Galileo Galilei astronomo e filosofo (1600), Newton matematico, fisico, cosmologo (1700), solo per citare alcuni degli scienziati che hanno lasciato una forte impronta in quel periodo storico.

Ma è con l'inizio del 1700 che il sapiens compie un ulteriore salto di qualità, indirizzando la propria azione ad un nuovo sviluppo del genere umano.

Un illuminismo generalizzato che coinvolge, in quel periodo, le società più evolute e che spazia in tutti campi del fare umano.

Artisti, medici, fisici, matematici, chimici, astronomi, architetti, economisti e quanto altro che fanno nascere le prime scuole di pensiero mettendo a confronto e in contatto tutte le varie professionalità.

Io non posso, non voglio e non devo affrontare tutte le espressioni scientifiche degli ultimi 300 anni in quanto sarebbe da enciclopedia e non è questo l'obiettivo che mi sono prefisso.

Debbo solamente entrare nella problematica che mi ha indotto a produrre questo lavoro di scrittura e cioè addentrarmi nelle tematiche energetiche.

Quanto è stato scritto fin qui per grandi, grandissime e sintetiche linee era necessario per rammentare che cosa è stato il pianeta fino a 300 anni addietro e la svolta che il "creato" ha subito in questi tre secoli e, che in atto, continua a subire.

Il sapiens, nel procedere del suo percorso evolutivo, ha prima intuito e poi capito, che tutto ruotava intorno ad un unico meccanismo: **L'ENERGIA.**

Egli ha sempre dedicato una particolare attenzione a tutto ciò che produceva l'energia necessaria a sollevare il proprio essere dal dispendio di quella personale.

Fosse egli contadino, pastore o pescatore aveva da sempre intuito che l'utilizzo di energia gli avrebbe permesso un risparmio di quella corporea e quindi una più appropriata gestione della vita quotidiana.

Per finalizzare tale obiettivo volgeva lo sguardo verso tutto ciò che lo circondava e che poteva produrgli tale materia e quindi sfruttando tutto ciò che la natura gli offriva.

All'inizio le trappole per catturare animali selvatici e assicurarsi le necessarie energie per il suo sostentamento.

Poi, buoi e cavalli per le operazioni di preparazione dei campi e per il trasporto di derrate e la sua mobilità personale, barche a vela e mulini per sfruttare l'energia del vento, il moto dell'acqua dei fiumi per mulini ad acqua e navigazione, alberi e sterpaglie per produrre il fuoco, per riscaldarsi, preparare alimenti, e cosi via dicendo.

Questo sistema organizzativo, del quale il sapiens era l'artefice, era un circuito chiuso che si ripeteva da migliaia di anni e assicurava la sopravvivenza di tutti gli esseri viventi.

Ciò che andava sempre più disturbando questo equilibrio era il progressivo incremento demografico, che determinava un aumento dei bisogni energetici delle popolazioni e ciò sommato all'innato istinto dominatore e conquistatore, induceva i sapiens ad appropriarsi dei beni altrui ad ogni costo e con ogni mezzo.

Ecco quindi nascere i primi conflitti, prima tribali, poi a poco a poco sempre più diffusi fino a divenire guerre tra popolazioni con culture, lingue e storie diverse.

Ma non tutto è buio. La competizione ha portato guerre e distruzioni ma è stata anche linfa e lievito per il miglioramento economico, sociale, salutistico di tante comunità.

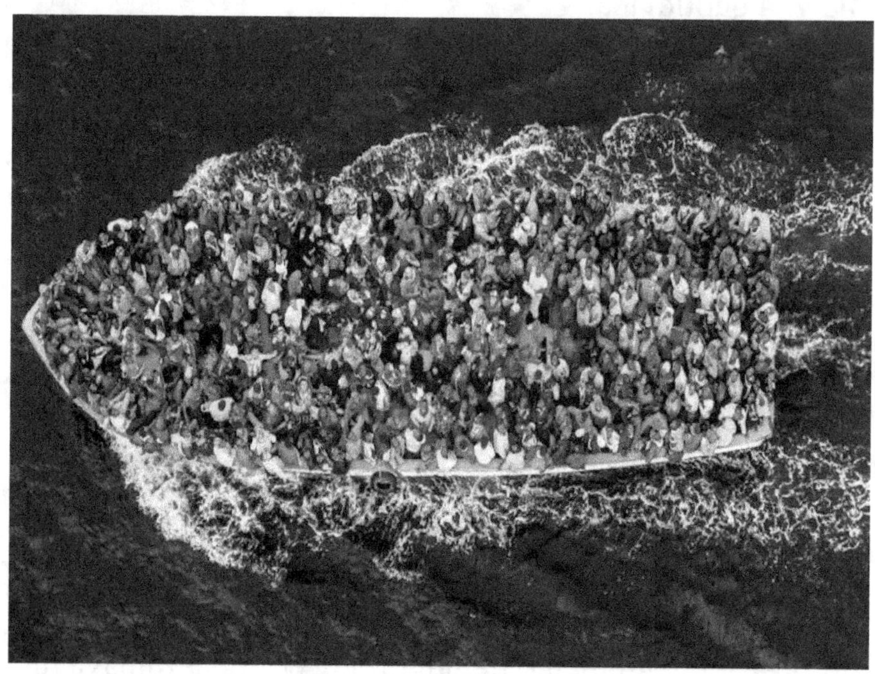

Ma tutto ciò non era estensibile a tutta la popolazione terrestre tanto che, la ricerca di benessere da parte di realtà economicamente e socialmente meno forti, ha determinato, a partire dall'800, grandi transumanze di popolazioni derivate in gran parte anche dalle tendenze colonialiste di taluni paesi.

Tali migrazioni hanno permesso il travaso di popolazioni dai paesi colonizzati a quelli colonizzanti e quindi scambi conoscitivi tra popoli e miglioramenti per entrambi le popolazioni.

I popoli colonizzati hanno compreso lo stato di benessere dei paesi colonizzanti e quindi il nascere delle grandi migrazioni anche contemporanee.

Ma è bene adesso cercare di comprendere perché e da dove e come nascono queste discrasie economiche e sociali di base tra le diverse popolazioni terrestri.

Perché il sapiens che compare in Africa e si espande in Europa, ha avuto una evoluzione sui generis che non ha avuto il sapiens del resto del mondo, salvo qualche eccezione localizzata?

Una domanda alla quale non è difficile dare una risposta.

Il ricco diviene sempre più ricco come il povero diviene sempre più povero, diceva un vecchio saggio.

Il sapiens, a partire dall'impero Romano, ha sistematicamente organizzato un piano di occupazione dei paesi terzi ed in particolare, con la sua espansione verso l'Europa centro-occidentale, inconsapevolmente, ha gettato le basi per la nascita dell'Europa moderna.

Ha curato, con particolare efficacia, un meccanismo economico finanziario che ha imbrigliato le popolazioni delle colonie con l'obiettivo d bloccarne lo sviluppo e mantenere lo stato di arretratezza di quelle popolazioni.

Risorse minerarie, agroalimentari e materie prime in genere venivano quasi gratuitamente sottratte per essere trasformate nei paesi europei e, soddisfatti i consumi interni, rimandati nei paesi di provenienza per garantire a quelle popolazioni un minimo di sopravvivenza e non sempre.

Così operando l'industria dei paesi occidentali diveniva sempre più potente, le abbondanti risorse disponibili permettevano ingenti investimenti nella ricerca e nella innovazione tecnologica e quindi nasceva, per la prima volta, un disequilibrio pericoloso per il pianeta.

Accenni di storia contemporanea

Nascono le prime potenze mondiali che entrano in contenzioso per accaparrarsi importanti fette di risorse che la comunità internazionale metteva sulla bilancia e da qui la prima guerra mondiale.

Il primo scontro tra titani.

1915-18: Gran Bretagna, Francia, Russia, Italia, Grecia, Portogallo, Romania e Usa si schierano contro Germania, Austria, Ungheria, Bulgaria e Impero Ottomano.

QUASI DIECI MILIONI DI MORTI.

Passano appena trenta anni, 1939-45 e scoppia la seconda guerra mondiale. Coinvolti Usa, Gran Bretagna, Francia e Unione Sovietica contro Germania, Italia e Giappone.

QUASI 70 MILIONI DI MORTI.

Prima e seconda guerra mondiale.

Un bel successo del sapiens, così sapiente che, in nome del dominio sui suoi simili e del pianeta e delle sue ricchezze, provoca la morte complessiva in soli trenta anni di 80 milioni di persone.

Catastrofi immani ma nulla in confronto a ciò che il sapiens si è confezionato per il futuro: **la prima bomba nucleare.**

Non si tratta più della morte di dieci, cento milioni di persone, adesso si gioca con la stessa sopravvivenza degli esseri viventi.

Ma il sapiens è capace di questo ed altro!!!!!!

Ha raggiunto il massimo livello di incoscienza?

No, non ha ancora iniziato.

Fermo restando che sulle nostre teste sono presenti sempre più sofisticati armamenti nucleari e sempre più Nazioni che si armano in tal senso, abbiamo avuto nei poco meno 80 anni di pace mondiale, salvo dei focolai di guerriglie locali, una pace sempre più armata che a mio parere, per quanto gravissima, è secondaria alle minacce che a causa nostra incombono sul pianeta.

Più di ciò. Si ancora di più!!!!

Ma andiamo con ordine a verificare queste affermazioni.

Il sapiens diviene sempre più ***Homo Energivoro***

La recente cosiddetta operazione speciale da parte dei russi con l'invasione dell'Ucraina, ha ulteriormente messo a nudo la questione energetica. L'Europa, continente energivoro per eccellenza, rifornito per la gran parte da gas e petrolio della federazione russa, non poteva accettare queste mire espansionistiche russe finalizzate all'acquisizione delle immense risorse naturali di quel paese.

L'occidente, che già si sentiva tenutario di codeste risorse, si è schierato in maniera netta e altrettanto pericolosa con gli Ucraini, alterando di fatto l'equilibrio che si era creato e rinunciando quindi ai rifornimenti per i propri fabbisogni con i prodotti provenienti dalla Russia.

Tutto ciò ha determinato non solo l'aumento dei costi dei materiali energetici ma anche la ricerca di altri paesi produttori.

Questi ultimi, alla luce dell'indebolimento derivato dal bisogno di energia dei paesi dominanti hanno compreso che il loro ruolo, negli equilibri economici mondiali, diveniva sempre più importante e determinante e vedono quindi crescere il loro peso economico e quindi contrattuale che, fino ad ora, non avevano mai avuto.

L'occidente, da sempre gestore del potere economico mondiale si sente sempre più indebolito nel suo ruolo e l'intraprendente comparsa sullo scenario economico mondiale della Cina, che ha attivato un'azione di penetrazione economica oltre che sui mercati mondiali anche ed in particolare nel continente africano, detentore di immense risorse ed in particolare delle ormai famose" terre rare", ha ulteriormente alterato gli equilibri politico-economici mondiali.

L'alleanza Russia Cina ha ancor più messo fortemente in discussione il dominio occidentale ed il gioco energetico si è fatto ancor più pesante.

Ma intanto anche nel vicino Medio Oriente il contenzioso diviene sempre più acceso e nel momento in cui paesi arabi, grandi produttori di risorse energetiche, vicini alla Nato e agli Usa, aprono il dialogo con paesi non allineati, scoppia un altro focolaio di guerra tra il mondo arabo e Israele.

Questa situazione, qualora ve ne fosse stato bisogno, ha ancora una volta messo in evidenza come l'economia mondiale dipenda dai prodotti energetici-fossili, senza i quali crollerebbe gran parte delle economie del pianeta.

Ecco la realtà delle cose.

Quindi ancora una volta il tema del terzo millennio è l'energia ed in particolare quella fossile.

Ma questa benedetta energia, così tanto utile, è solamente la faccia di una medaglia.

L'altra faccia è il danno ambientale che l'uso di questa energia produce.

Ed ecco che, invero molto timidamente, il sapiens, pur così tanto energivoro, ha cominciato a prendere in considerazione l'enorme pericolosità che deriva dall'uso degli carburanti fossili e dell'immane danno ambientale che tale energia produce.

Qui e là sorgono oasi di comprensione delle problematiche ambientali che riguardano il futuro del pianeta e della sua necessità di essere salvaguardato.

Non potendo tutto ciò, per la sua gravità, essere ignorato, e avendo percepito da buon agronomo che qualche cosa non era chiara, ho ritenuto realizzare questo lavoro, che, entrando nel vivo narrativo e analitico della questione, andasse ad analizzare lo stato di salute del sistema terracqueo.

PARTE 3ª

L'inquinamento del pianeta

Questo capitolo è dedicato ad una **sintetica** analisi dell'inquinamento del pianeta e ciò perché, l'incidenza antropica dell'inquinamento, ha refluenze anche sul riscaldamento.

Attenuare o eliminare tutte le forme planetarie di inquinamento sarebbe un'azione meno complicata della riduzione del riscaldamento, ma potrebbe rappresentare un alleggerimento della ipertermia del pianeta.

Attenuare cause ed effetti dell'inquinamento non sarebbe poi così complicato, si potrebbe migliorare la qualità del pianeta solo adottando tutta una serie di accorgimenti utili ed opportuni, senza che ciò incida sulla qualità della vita delle popolazioni.

Si può pervenire a ciò semplicemente adottando azioni di smaltimento razionali che pretendono solamente gesti di buona volontà nell'essere eseguite da parte delle popolazioni, unite ad attività di riciclo e recupero di tanti materiali inquinanti. Ecco perché trattare il tema inquinamento e considerarlo, nel contesto della descrizione dell'ipertermia dell'ambiente, quale concausa non trascurabile, è sicuramente importante.

Quindi analizziamo per grandi linee gli effetti dell'inquinamento ambientale.

Le tre direttrici principali su cui poggia l'equilibrio biodinamico del pianeta sono identificabili nel mare, nell'aria e nel suolo.

INQUINAMENTO DELL'ARIA

foto Pexels

L'inquinamento atmosferico e quindi dell'aria che respiriamo è dovuto all'azione antropica e, nella fattispecie, dal particolato, di cui fanno parte le note polveri sottili ed altri. Cito il particolato, tralasciando gli altri inquinanti, in quanto è quello che viene maggiormente percepito nelle grandi e medie città.

Per la sua concentrazione, inficia la qualità dell'aria e causa problemi all'apparato respiratorio, bronchi e alveoli polmonari e da questi giunge al sangue. L'uomo moderno per ossigenarsi con aria pura deve spingersi in piena campagna, nei boschi, nelle montagne e ciò è tanto evidenziato dallo sviluppo del turismo rurale e da quello alpino.

Oltre tali problematiche, l'inquinamento ambientale incide molto sulla temperatura, nella misura in cui quello dei bassi strati della biosfera, ne provoca ulteriore aumento in particolare nelle grandi città, ove a vista d'occhio, se ne percepisce l'incidenza.

INQUINAMENTO DEL SUOLO

Acque fognarie (detersivi, antibiotici, ecc.), fertilizzanti, diserbanti, detersivi, antibiotici, medicinali vari, scarichi di frantoi, industrie enologiche, chimiche, metalli pesanti (cadmio, nichel, mercurio e piombo) , azoto, contaminazione delle acque sotterranee, composti insolubili galleggianti (oli, grassi, oli minerali, schiume e tutti quelli più leggeri dell'acqua) sostanze colloidali (micro particelle che non si possono separare con trattamento meccanico) sostanze disperse allo stato ionico o molecolare, azoto (ammoniacale, nitriti, nitrati, organico), Fosforo (polifosfati, orto fosfati, organico).

Ormoni e acidi di qualunque tipo, senza considerare gli agenti biologici (coliformi, ecc.) alterano l'equilibrio fisico chimico dei terreni e delle acque sotterranee.

INQUINAMENTO DEL MARE

Circa 80 milioni di tonnellate di plastica navigano nei nostri mari, intere isole galleggianti che ne disturbano la biodiversità e poi scarichi urbani con tutto il relativo contenuto, scarico di petrolio da parte di petroliere e raffinerie, di impianti industriali e quindi derivati chimici, metalli pesanti che si accumulano nella catena alimentare e si trasferiscono all'uomo causando patologie varie.

Grandi volumi di gas nebulizzati che con le piogge cadono direttamente sul mare dove giungono altre notevoli quantità per dilavamenti del suolo e quanto altro su cui è meglio sorvolare. Inoltre vi sono scarichi di rifiuti di aree nuclearizzate di ospedali e di tutti i centri che utilizzano radioisotopi.

L'uomo ha trattato il mare come una discarica. Troppe omissioni sull'utilizzo degli impianti di depurazione hanno causato divieti di balneazione in tantissime spiagge del mondo, sulla vita della fauna acquatica e sulla qualità del pescato, essenziale per il nutrimento del pianeta. Sicuramente detto inquinamento produce e accelera l'acidificazione dei mari di cui non conosciamo l'entità, ma che incide tanto sulla capacità di assorbimento della CO_2 presente nell'ambiente.

ANCHE L'AGRICOLTURA E LA ZOOTECNIA FANNO LA LORO PARTE

Da buon agronomo sento il dovere di spendere qualche riga sull'impatto ambientale dell'agricoltura moderna, sia sotto l'aspetto dell'inquinamento che provoca, che per quanto concerne il riscaldamento globale.

Io personalmente ricordo da bambino, di circa 12 anni, cosa e come operava il sistema agricolo.

I diversi settori produttivi erano praticamente ad alta, altissima sostenibilità.

Parlo della situazione dell'agricoltura siciliana degli anni 50-60 da considerare anche rappresentativa di buona parte dell'agricoltura mondiale del periodo.

La quasi totalità delle produzioni agricole e zootecniche provenivano dai feudi, detenuti dalla nobiltà del periodo; in detti feudi operava la quasi totalità della popolazione attiva, eccezion fatta per i piccoli artigiani e i rari piccoli proprietari terrieri e i piccoli allevatori.

Braccianti agricoli, mezzadri e compartecipanti vari lavoravano in quelle aziende avendo come mezzi operativi gli animali e le braccia.

Così che, la preparazione dei terreni e i trasporti avvenivano con i muli, cavalli, asini e buoi, la semina e lo spargimento del grano e altre essenze varietali veniva espletata a mano, il diserbo anch'esso manuale e, già abbandonata da qualche anno la pratica della pulitura delle spighe con il calpestamento da parte degli animali e la conseguenziale separazione manuale da parte dei contadini con l'aiuto del vento, venivano introdotte le prime trebbie azionate dai primi rari trattori. Le poche concimazioni dei terreni avvenivano con deiezioni degli animali o con rotazioni con piante azoto fissatrici che assorbivano azoto atmosferico e lo trasferivano al terreno, rendendolo più produttivo.

Praticamente assenti i pesticidi e la pratica della difesa per le diverse patologie delle piante era affidata allo zolfo e alla poltiglia bordolese (a base di rame).

Le produzioni per ettaro erano molto contenute e per il grano duro non si andava oltre i 15- 20 quintali.

Con la riforma agraria, venivano disgregate le grandi aziende e si formavano una miriade di micro aziende che assorbivano solo una parte della manodopera fuoriuscita dai feudi.

Gran parte di detti lavoratori veniva assunta dall'industria, dalla edilizia, dall'artigianato e molte realtà territoriali subivano significative emigrazioni.

Da quel periodo ad oggi sono passati circa 60-70 anni ed è avvenuta una rivoluzione tecnica ed agronomica.

Gli addetti all'agricoltura si sono ridotti ogni anno sempre di più e il lavoro manuale è stato sostituito con quello delle macchine operatrici, sempre più numerose e sempre più potenti. L'industria forniva a tutto spiano nuovi mezzi tecnici e quindi si incrementava l'uso di diserbanti, concimi chimici, composti per efficientare le rese e migliorare anche l'estetica

e la bellezza visiva dei prodotti, certamente non la qualità.

La spinta verso l'utilizzo di varietà alterate geneticamente, ormoni per la crescita, alleganti e tutte le diavolerie che la chimica ha messo a disposizione, hanno permesso l'innalzamento degli indici produttivi a livelli mai verificatisi. L'aumento massiccio della popolazione mondiale, rendeva necessarie le iniziative volte agli incrementi delle produzioni che, per esempio come il grano, ha visto crescere la sua produttività passando da 15-20 a livelli di 60- 70 quintali per ettaro attuali.

E adesso eccoci qua.

Una corsa frenetica all'uso di agenti inquinanti con le conseguenze che vengono giorno dopo giorno alla luce.

Questa sintetica e spero chiara descrizione per evidenziare quanto l'impatto ambientale sul pianeta sia stato violento e repentino. Tutti i presidi sanitari utilizzati in agricoltura hanno avuto effetti devastanti sul pianeta, nella misura in cui tutti questi prodotti vengono (per dilavamento ed altre cause) scaricati sul suolo alterando le falde acquifere e le acque del mare.

Tutto contribuisce in modo notevole all'inquinamento, ma per fortuna non sul riscaldamento ambientale da CO_2, considerato che l'assorbimento della CO_2 derivato dalla fotosintesi ha bilanciato la maggiore emissione delle attività agricole derivata dagli incrementi produttivi.

PARTE 4ª

Chi e cosa provoca il riscaldamento del pianeta

Oltre alle grandissime problematiche che l'inquinamento ha arrecato negli ultimi al pianeta, da alcuni decenni ecco affacciarsi l'ancora più grave questione del riscaldamento della biosfera.

La sempre maggiore disponibilità di dati climatici del pianeta e la percezione collettiva delle variazioni termiche ambientali, hanno alzato il livello di attenzione e di sensibilità dell'opinione pubblica, con la nascita di movimenti mondiali che hanno suscitato generale interesse per la problematica dell'ambiente.

Tante voci si sono alzate in questa direzione e non solamente da parte della società civile, ma anche, e finalmente, da parte di alcuni governanti della terra.

L'11 dicembre 1997 è stato ratificato da 191 paesi a Kyoto in Giappone, il protocollo sui cambiamenti climatici che è entrato in vigore nel 2005 e firmato dai 55 paesi responsabili del 55% delle emissioni di CO_2. Ma di fatto non si è pervenuto a nulla in quanto alcuni dei paesi responsabili della maggior parte di dette emissioni inquinanti non hanno effettuato alcuna riduzione e, con ciò, mi riferisco a Cina, USA, UE, India, Russia e Giappone.

Con **l'accordo di Parigi del 2015** si perviene ad un accordo universale con un valore giuridico vincolante che obbliga i paesi aderenti a raggiungere entro il 2050 la neutralità climatica con bilanciamento tra emissioni e capacità di assorbimento del gas serra. Una maggiore presa di coscienza dei governanti il mondo ha indotto ad accettare tale accordo e, tra questi, l'UE, Cina, USA, India, Russia e Giappone.

Il Parlamento Europeo con la finalità di contenere il cambiamento climatico, ha programmato di ridurre entro il 2030 le emissioni di non meno del 55%.

Un obiettivo sicuramente importante.

Infine, per ultimo, adesso Cop 28 ha accentuato l'impegno mondiale verso il mantenimento dell'incremento entro 1,5°C del riscaldamento del pianeta avviando la transizione dai combustibili fossili entro il 2050.

Quindi, in buona sostanza, una forte presa di coscienza solamente **"teorica"** sul planetario problema del riscaldamento climatico in quanto Cop 28 non ha considerato la tempistica di tali riduzioni.

Risulta infatti incomprensibile come un problema di tale portata estintiva per gli esseri viventi sia stato affrontato in maniera così superficiale, rinviando al 2050 e cioè tra 27 anni la risoluzione del problema, quando invece doveva indurre i governanti a produrre interventi parziali ma immediati di riduzione della temperatura globale di respiro al massimo quinquennale.

La dichiarazione finale di Cop 28 e la trattativa tra i vari stati è stata troppo stata lunga e travagliata per non comprendere le lotte intestine intercorse tra chi vuole a qualunque costi incrementare l'uso dei carburanti fossili e chi invece vuole la transizione energetica.

Tale battaglia si è infatti conclusa con un imperdonabile compromesso che rinvia la soluzione del problema al 2050.

Ancora una volta l'interesse economico ha prevalso sui valori esistenziali e quindi sono stati dilatati i tempi di riduzione dell'uso dei carburanti fossili in attesa dei dati del monitoraggio dell'ambiente e delle verifiche dell'andamento dei valori del riscaldamento.

E intanto, tranquilli, continuare a lucrare sui carburanti fossili con previsioni di ulteriori incrementi estrattivi del 5-10%.

Rinviare il problema per non risolverlo, e, intanto, dovremmo comprendere quanti e quali nazioni saranno capaci di programmare e attuare la riduzione entro il 2050, ammesso che l'irreparabile non si presenti ancor prima.

In particolare, i paesi in via di sviluppo saranno disponibili a rallentare il loro progresso economico fortemente dipendente dalla vendita dei combustibili fossili?

E i paesi sviluppati saranno disposti a ridurre il loro status di sviluppo economico?

E poi, la cosa ancora più complicata e ritengo più difficile, il convincere la popolazione mondiale a ridurre l'attuale disponibilità energetica e quanto da essa proviene in termini di comodità e benessere.

Anche se doveroso è alquanto spiacevole affrontare questo argomento in quanto intercetta non solo gli aspetti economici di tutti gli stati del mondo ma incide sul tenore di vita di ognuno di noi e quindi, al di là e al di sopra delle enunciazioni di principio, sulle quali non possiamo che essere tutti d'accordo, è veramente duro da digerire un regresso dallo status attuale.

Ma non vi è alcun dubbio che siamo o saremo costretti a considerarlo.

Il riscaldamento globale è una realtà ineludibile.

Quindi su base di tale certezza comincerei a pormi delle domande ben precise:

-cosa potrebbe succedere se l'incremento estrattivo di combustibili fossili dovesse continuare con i ritmi dal periodo 2018 al 2022 con una produzione mondiale giornaliera ufficiale di **petrolio** fino a **100 milioni di barili al giorno**
(un barile circa 160 lt), di **gas naturale** fino a **11 miliardi di metri cubi al giorno** e di **carbone** di **40 milioni di tonnellate al giorno**?

- a quali livelli si spingerebbe la temperatura del pianeta?

- a quali livelli perverrebbe con un ulteriore aumento dell'utilizzo delle fonti fossili?

-Cosa succederebbe al delicato equilibrio della biosfera?

Se le cause di questo riscaldamento dovessero dipendere da fenomeni solari o da inclinazione dell'asse terrestre, è chiaro non saremo in grado di intervenire e quindi l'uomo dovrebbe rassegnarsi al suo destino.

Ma provenendo dalle fonti fossili e quindi dal loro utilizzo, la soluzione non può che essere dipendente dal comportamento antropico e dalla gestione di dette sorgenti energetiche.

Non voglio nemmeno immaginare lo scenario del pianeta se il riscaldamento dovesse spingersi, nel brevissimo periodo, oltre 5° C rispetto agli attuali e quale sarebbe la risposta di tutti gli esseri viventi del pianeta ed in particolare del mondo vegetale, che diversamente dall'uomo e dagli animali è in posizione immobile e quindi deve subire detto innalzamento in situ.

Ecco, la situazione per gli animali e l'uomo diverrebbe complessa e delicata nel medio periodo in quanto ci si troverebbe di fronte allo scioglimento dei ghiacciai, all'innalzamento del livello del mare, a fenomeni meteo estremi e temperature desertiche o sub desertiche, ma sarebbe ancor più grave per il mondo vegetale.

Il caldo anomalo, in particolare nel periodo vegetativo e cioè primavera-estate, determinerebbe una difesa delle piante che a causa della calura, al fine di tutelare la propria sopravvivenza, ridurrebbero la perdita di acqua per evaporazione.

Per fare ciò ed evitare la disidratazione dovrebbero necessariamente chiudere gli stomi fogliari e di conseguenza si bloccherebbe la fotosintesi clorofilliana, con conseguenziale blocco della fase vegetativa e quindi del loro sviluppo e quindi di tutti gli stadi di crescita, fioritura, allegagione e di produzione di alimenti.

Verrebbe anche meno buona parte dell'azione di impollinazione di api, bombi e altri insetti pronubi che non operano quando la temperatura si innalza oltre un certo livello.

Non disponendo di fiori e quindi polline e cibo, sarebbero costrette a estinguersi.

Qualcosa resisterebbe nelle fasce nord e sud del pianeta prossime ai poli, oltre i 50°nord e sud di latitudine, ove gli innalzamenti termici sarebbero più contenuti ma che presentano superfici produttive irrilevanti rispetto a quelle del pianeta e quindi assisteremmo al crollo delle produzioni alimentari.

Sarebbe la fame nel mondo!!!.

Miliardi di persone costrette a evacuare le aree calde e improduttive per mancanza di cibo, che dovrebbero migrare e spostarsi in territori che, per la loro estensione, potrebbero accoglierne solo una minima parte. Si verificherebbe l'estinzione di gran parte delle specie animali e quindi salterebbe l'equilibrio del pianeta.

In una situazione di questo tipo non possono non riaffiorare nella memoria i versetti 29,30,31-Genesi 41 dell'Antico Testamento"

Ecco, stanno per venire sette anni di grande abbondanza in tutto il paese d'Egitto. Dopo verranno sette anni di carestia; tutta quell'abbondanza sarà dimenticata nel paese

d'Egitto e la carestia consumerà il paese" questa sarà molto dura".

Ho voluto a proposito citare questo racconto dell'antico testamento al quale dedico delle riflessioni.

Tale evento, sarà stata una invenzione di qualche mente fantasiosa oppure un racconto che si è tramandato per anni e anni, da generazione a generazione e rispondente a fatti realmente accaduti?

Quale potrebbe essere stata la causa di tale avvenimento se non l'innalzamento termico?

I periodi di glaciazione e post glaciazione si sono sempre verificati nel pianeta ma sempre per cause naturali e non per cause indotte dall'uomo e dalle sue attività e ciò, a meno che non vogliamo smentire le nostre ricerche scientifiche, è indiscutibile.

Nelle diverse ere geologiche gli sconvolgimenti globali del pianeta (terremoti, alluvioni, eruzioni vulcaniche, ecc.) hanno fatto si, che il pianeta **si depurasse dalla presenza di enormi massa di metano, di petrolio e di carbone,** inglobandoli nel sottosuolo o espellendoli dalla biosfera.

Si è determinato un equilibrio naturale ove animali, piante, uomini hanno convissuto per millenni indisturbati e in perfetta armonia.

Adesso, riportando all'esterno del sottosuolo queste enormi quantità di materiali fossili, ecco la prepotente comparsa delle problematiche ambientali.

Oggi la responsabilità non sarebbe della natura ma sarebbe unicamente dell'uomo!!!!

Ciò non si discute!!!!

Alla luce di queste riflessioni ho ritenuto necessario, per una questione di chiarezza, procedere con delle verifiche al fine di comprendere la portata del problema e accertarne possibilmente le causali e divulgarne effetti e ricadute.

CHI PROVOCA IL RISCALDAMENTO!!!

Da poco più di un secolo la tecnologia sviluppata dal sapiens ha rivoluzionato il modus vivendi sul pianeta.

Ricerca e innovazione hanno creato per la prima volta condizioni di benessere mai viste nella sua storia.

Hanno contribuito all'incremento della popolazione mondiale fino alle attuali 8 miliardi di presenze e a cercare di soddisfare con ogni mezzo le esigenze del popolo terrestre.

Quindi sempre globalizzazione con più mobilità e quindi più mezzi di trasporto di terraferma, aerei, navali, sempre più industrie manifatturiere, chimiche, meccaniche, ecc., per sopperire ai bisogni delle popolazioni.

Intensificazione delle pratiche agricole per rispondere alle nuove esigenze alimentari e sempre più bisogno di energia per produrre quanto necessario al soddisfacimento di tutti questi bisogni.

L'incremento degli allevamenti zootecnici di bovini, ovini, caprini, incentivatosi fino agli attuali oltre 1.5 miliardi di unità i bovini, 3 miliardi gli ovi caprini, più bufalini, camelidi, renne e i ruminanti selvatici, da un lato ha sopperito al soddisfacimento dei latticini e di carne dell'aumentata popolazione mondiale, dall'altro lato ha incrementato la emissione di gas serra nell'atmosfera, apporto da me quantificato in non oltre 5 giga tonnellate anno circa e quindi pari ad 1/7 delle emissioni globali calcolati da IEA (36.8 giga T).

Ma dell'allevamento degli animali non ne possiamo obiettivamente fare a meno.

Dobbiamo considerare che bovini, ovini e caprini debbono provvedere al fabbisogno in latticini di 8 miliardi di persone, con realtà in alcune aree del pianeta ove i latticini rappresentano oltre la metà del fabbisogno di quelle popolazioni, tenendo presente che sono il principale nutrimento di milioni di bambini.

Le infamanti accuse dirette agli allevamenti, quasi considerati da certa stampa alla stregua delle emissioni dei carburanti fossili, sono da considerarle un paravento per tacere o sminuire le reali cause. Gli animali producono CO2 che viene in gran parte bilanciata dai benefici delle concimazioni dei terreni e dall'assorbimento di prati, pascoli ed erbai che, ricordiamolo ancora una volta, assorbono CO2.

E non parliamo dell'agricoltura, segnalata quale fonte primaria di inquinamento del pianeta. Vero che bisognerebbe riconsiderare l'uso di certi mezzi di produzione adottati in maniera scriteriata, ma non dimentichiamo che anche essa è la prima fonte di sostentamento del pianeta.

Ciò evidenziato ed accantonate le indispensabili produzioni alimentari, rimane comunque il fatto che ci stiamo da qualche anno accorgendo che questo trend di sviluppo e di benessere delle popolazioni ci potrebbe a breve presentare un salato conto da pagare, una medaglia con due facce.

In una faccia della medaglia i fabbisogni umani, nell'altra faccia la rimanente parte del creato che in tutto ciò non ha alcuna responsabilità anzi ne sta piangendo le conseguenze, alla luce dei cambiamenti climatici già verificatisi e dell'avvenuta estinzione di tanti animali del pianeta di cui abbiamo già contezza.

Non ci siamo accorti nel recente passato e non ce ne accorgiamo anche adesso della gravità della situazione o meglio ne sottovalutiamo la portata. Non prenderemo piena coscienza fin quando all'orizzonte non incontreremo la via del non ritorno e sarà troppo tardi.

D'altra parte mi sono chiesto e mi chiedo: in nome e per conto del ripristino dei sistemi di equilibrio della terra, saremmo disposti ad accollarci una serie di privazioni quali:

A) rinunciare ai mezzi di trasporto terrestri, aerei e navali?

B) modificare l'attuale sistema industriale basato sull'uso di energia fossile?

C) rinunciare all'energia elettrica come in atto prodotta?

DIREMMO SICURAMENTE NO!!!!!

Se ci predicessero che così continuando si avvia il percorso dell'estinzione saremmo disposti a rinunciarvi?

L'uomo vuole vedere e toccare con mano e solo davanti all'evidenza del disastro totale si arrenderebbe. Ma sarebbe troppo tardi.

Quindi **diviene essenziale cercare di capire bene lo stato delle cose al di là delle pronunce ufficiali**, farci una idea di ciò che potrebbe riservarci il futuro con il proseguire del riscaldamento del pianeta, con l'augurio che ciò sia utile ad una nostra presa di coscienza della situazione, con iniziative che vengano anche dalla base e non solamente dai centri di potere.

Diversamente, **ignavi**, faremmo la fine dei topi in trappola.

Cercare, senza allegre e affrettate ipotesi solutive, di individuare con esattezza le motivazioni del riscaldamento globale, e quindi, come unico e primario obiettivo di questo lavoro, non assecondare, ma verificare le enunciazioni della scienza ufficiale e creare una logica collettiva dello stato del pianeta e quindi comportarci in maniera conseguenziale e proporzionale.

Partendo dalla certezza che il pianeta, in una situazione di equilibrio naturale, in pratica genera quantità di CO_2 che assimila totalmente, il riscaldamento globale non può che avvenire per apporti aggiuntivi che altro non possono essere che i carburanti fossili.

Ma chi utilizza i carburanti fossili?

E qui casca l'asino.

Il loro utilizzo è dato dai bisogni dell'uomo moderno.

Ma l'uomo si rende conto cosa comporta in termini di ricadute il soddisfacimento di tali bisogni?

Andiamo quindi a valutarne motivazioni ed effetti, in modo semplice, direi quasi elementare, senza alcun artifizio scientifico, per renderci conto di come non comprendiamo, facciamo finta di non vedere, di non sentire, ci giriamo dall'altra parte, forse anche non volutamente, tanto ci siamo abituati a certe situazioni.

Il consumo di energia è diventato tanto una consuetudine, un'abitudine, che possiamo paragonarlo alla stregua dei nostri bisogni fisici che gestiamo con naturalezza e svogliatezza, quasi senza accorgersene.

Dormire, svegliarsi, lavarsi, fare colazione, camminare, prendere l'automobile, il treno o l'autobus per andare a lavoro, utilizzare ambienti climatizzati o riscaldati, guardare la televisione, usare il frigo, il forno a microonde, lavastoviglie, e tanto altro, è divenuto così usuale, scontato, che la maggior parte di ciascuno di noi quasi non se ne accorge.

Desidero approfondire questa "**ovvietà**" andando nel dettaglio delle nostre attività giornaliere e cosa comportano in termini di usi energetici perché lo ritengo di giovamento alla luce della velocità del mondo moderno che, si sofferma poco, a guardarsi intorno.

Li vado, in modo sintetico, a indicare:

-Ci si sveglia la mattina in inverno e in estate in ambienti riscaldati o climatizzati, e, per disporre di ciò, abbiamo consumato energia.

Quale prima azione accendiamo la luce, ci rechiamo in bagno per i nostri bisogni e attiviamo l'autoclave per avere disponibile l'acqua, per fare la doccia utilizziamo acqua calda, asciugando i capelli con un potente fon da 1500 watt. Quindi in cucina accendiamo il gas per preparare la colazione o il forno a microonde e ivi viene accesa la televisione per le notizie del giorno. Quanta energia abbiamo già consumato senza ancora essere usciti da casa?

Vestirci e correre per il lavoro ci vede prendere l'ascensore per giungere in strada o in garage, avviare l'automobile e via, a tutto gas per catapultarci nel traffico cittadino. Qualunque sia il mestiere, queste sono le modalità mattutine. Abbiamo utilizzato energia.

Siamo appena all'alba delle nostre giornate e abbiamo consumato una grande quantità di energia fossile e scaricato nell'ambiente tanta CO_2 e tanta energia termica.

Non meno della metà della popolazione mondiali usa queste modalità.

Giungere in ufficio significa trovare luci accese e ambienti climatizzati, andare a lavorare nei campi significa operare in trattori oggi climatizzati, le attività di trasporto merci e persone viaggiano nel medesimo modo e gran parte della popolazione mondiale adotta i medesimi sistemi.

A pranzo chi è a casa o fuori nei ristoranti, mense e quant'altro, consuma direttamente o indirettamente energia fossile e, non percependolo, scarica CO_2 ed energia termica nell'ambiente.

Lo stesso dicasi per il pomeriggio e infine la sera, fra spettacoli, movida, ristoranti, pizzerie, ecc., e a casa propria, luci accese, climatizzatori accesi, televisioni accese e consumi soliti.

Fine settimana in montagna d'inverno e a mare in estate. Oltre quanto descritto per la quotidianità si aggiungono viaggi di centinaia, migliaia di km con le macchine, navi e treni per raggiungere luoghi di villeggiature, effettuare crociere d'estate e d'inverno,

visite a città d'arte, tour turistici, viaggi di lavoro.

A monte di tutto le industrie di tutto il mondo, dalla metallurgica alla meccanica, dalla chimica, tessile, agroalimentare, metallurgica, ecc. a produrre e far viaggiare le merci prodotte in giro per il mondo per tutte le popolazioni.

Gli effetti della globalizzazione.

Gran parte di noi vive questa realtà ed è la legittima ambizione di chi non la vive. Sono anche queste motivazioni delle migrazioni di massa.

Vero che di tanto in tanto ci lamentiamo, ma non per l'inquinamento e il riscaldamento ambientale che induce questo modo di vivere, ma solamente perché i costi di energia elettrica, per il carburante sono enormi. Se cerchiamo di limitarne l'uso è esclusivamente per motivazioni di ordine economico e certamente non per la salvaguardia dell'ambiente.

I costi ambientali, non vengono quasi mai considerati.

Alla luce di questi fabbisogni l'obiettivo prioritario di tutte le nazioni del mondo è quello di accaparrarsi quante più risorse possibili, con il fine di migliorare la qualità della vita delle loro popolazioni.

Per tali risorse oggi siamo disposti a combattere e distruggere ciò o chi ne limita la disponibilità e quindi il pensiero del pianeta, del clima, dell'ambiente è diventato quasi impercettibile per i più.

Abbiamo dimenticato in fretta che **un semplice virus, il Covid,** nulla al confronto con il riscaldamento globale, ha stravolto per più di due anni il nostro modo di vivere.

Isolati dagli altri, rintanati nelle nostre case come animali impauriti, armati di mascherine a difesa della nostra salute, della nostra vita, detto virus ha dato una botta micidiale alla popolazione del pianeta con camion militari stracolmi di cadaveri.

Eppure in quei due anni di Covid, il malessere dell'umanità è stato il benessere del pianeta.

L'ambiente ha beneficiato dell'alleggerimento della pressione antropica grazie alla riduzione di combustibili fossili tradizionalmente utilizzata.

Ritornando al nostro comportamento quotidiano, solamente quanto l'aria condizionata non funziona o quando l'aria diventa irrespirabile ci accorgiamo che fa più caldo di prima, che in effetti il clima è cambiato, che piove di meno, che vi è meno neve nelle montagne, che l'acqua del mare è calda e che la qualità dell'aria non è più quella di una volta; lo comprendiamo subito ma lo dimentichiamo appena riattivato l'uso dell'energia elettrica.

Tutto ci sembra dovuto, tutto è dato per scontato.

Ecco, con la semplicità delle parole, abbiamo identificato il cambiamento del SAPIENS.

È stato surrogato dall' HOMO ENERGIVORO!!!!!

A causa di ciò, *PIANO PIANO, IN MANIERA SILENTE MA CONTINUATIVA, IL PIANETA STA SUBENDO UNO CHOCK CLIMATICO* e noi, in modo ignobile, continuiamo ad ignorarlo.

Questa realtà è conosciuta da decenni dal mondo scientifico che già da circa 80 anni ha intuito che la CO_2 avrebbe indotto riscaldamento e quindi avviava quanto necessario per rilevarne e quantificarne l'entità.

Quindi, accantonando la parte narrativa, avvio quella divulgativa, tecnica e scientifica, quantificando indici e valori del riscaldamento globale.

PARTE 5ª

L'ipertermia del pianeta da riscaldamento globale

Il primo scienziato in assoluto che ha intuito il cambiamento climatico è stato Svante Arrhenius, il quale nel 1896, ha calcolato che le emissioni di CO_2 dell'industria avrebbero potuto provocare un riscaldamento globale. Tale ipotesi ha riscontrato il dissenso generale del mondo scientifico.

Osservatorio di Mauna Loa

Nel 1958 Charles David Keeling ha avviato le prime misurazioni dell'incremento in atmosfera di CO_2 presso l'Osservatorio di Mauna Loa, nelle Hawaii, indagini continuate per decenni, fino al 2005, con misurazioni che ancor oggi continuano presso detto Osservatorio e vengono rappresentate con la "Curva di Keeling".

Grazie all'attività di questo Osservatorio il mondo scientifico dispone dei dati necessari per le diverse finalità.

Le verifiche di Keeling hanno rilevato che la concentrazione di CO_2 nel pianeta è così aumentata:

- 313 ppmv (**parte per milione in volume)** presente nell'anno 1958.
- 406   ppmv nel novembre del 2018.
- 421   ppmv nel 2022.
- 424   ppmv nel 2023.

L'attuale concentrazione di CO_2in atmosfera è quantificabile in 424 ppmv.

L'agenzia NOAA (U.S.A) ha dato conferma nel maggio 2023 dell'emissione in atmosfera di 3 ppmv in più rispetto al 2022.

Detta rilevazione è stata confermata anche dall'Istituto di oceanografia dell'Università di San Diego-California.

Ma rimaniamo al solo dato 2022, anno in cui l'aumento è stato di 2 ppmv.

Dal calcolo che segue si quantifica la CO_2 immessa in atmosfera.

Una ppmv è uguale a $7,82 \times 10^{12}$ kg di CO_2, quindi 7.82 x 1.000 miliardi di kg = 7.82 miliardi di tonn. = **7.82 giga T.** Pertanto l'incremento di CO_2 in atmosfera nel 2022 è stato di _**7,82 giga T x 2 =15,64 gigaT e nell'anno 2023 di 23,46 giga T**_(una Giga tonnellata corrisponde ad un miliardo di tonnellate).

Ho voluto inoltre effettuare il calcolo dell'innalzamento della temperatura facendo riferimento ai dati sul riscaldamento climatico Europeo comunicati il 9 gennaio 2024 da Copernicus ESA(Ente Spaziale Europeo).

Dal diagramma presentato da Copernicus si evince l'aumento della temperatura, anno per anno, dal 1960 ad oggi. Rapportando tali dati all'incremento dei ppmv della curva di Keeling si sviluppa il seguente calcolo:

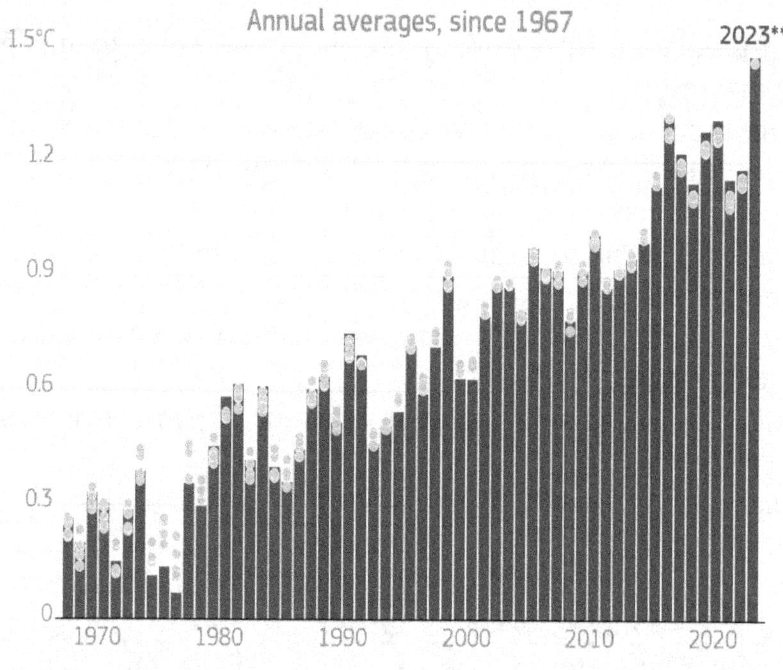

–Fino all'anno 1960 la concentrazione di Co2 era stata solamente di 315 ppmv e aveva comportato un aumento di temperatura 0,25°C rispetto agli anni antecedenti.

-Nell'anno 2022, con emissioni a + 421 ppmv, si è avuto un innalzamento di 1,1°C.

-Nell'anno 2023 con emissione a 424 ppmv un aumento di 1,49°C.

Come dire che a 1 ppmv di emissioni corrispondono 0.13° di aumento della temperatura e quindi secondo il rapporto Keeling *nell'ultimo anno la temperatura del pianeta è aumentata di circa 0.39°C.*

Volendo calcolare l'aumento medio della temperatura negli ultimi 63 anni e cioè dal 1960 al 2023 quantificabili in gradi 1.23 (cioè gli attuali 1.50°- 0.25° del 1960) si avrà: 1,25°: 63 anni= 0.02° anno.

Considerato che nell'anno 1960 la co2 in atm era pari a 315 ppmv e nel 2023 a 424 ppmv si ha un incremento di 109 ppmv in 63 anni e quindi di 1.73 ppmv anno ed una media di 1,73°: 63 anni = 0.225° anno.

Tenuto conto che l'incremento di ppmv nell'anno 2023 è stato di 3 ppm e quello medio degli ultimi 63 anni di 1.73 si calcola: ppmv 1.73:0.225x 3 ppmv = 0.39° di aumento della temperatura globale nell'anno 2023. *Qualunque sita il percorso di detti calcoli l'aumento di temperatura nell'anno 2023 è stato di 0,39° C, facendo sempre riferimento all' attuale produzione e consumo di carburanti fossili.*

Altro organismo di spessore internazionale che si occupa di emissioni è I.E.A (Agenzia Internazionale Energia) con sede a Parigi.

I.E.A. ha ufficialmente comunicato che la CO_2 prodotta dall'attività antropica nel 2022 è aumenta di 321 milioni di tonnellate raggiungendo il record di 36.8 miliardi di tonnellate e quindi di 36.8 Giga T.

L'aumento di 321 milioni di tonnellate certificati dall'IEA corrispondono a 0,321 giga T e cioè 1/3 di un miliardo, lontano dai 15,64 miliardi di tonnellate come indicato dal predetto osservatorio per l'anno 2022 e ancor più con gli ultimi rilevamenti Keeling anno 2023 di 23,46 miliardi di tonnellate.

Quindi i dati dall'Osservatorio delle Hawaii e quelli di IEA sono completamente e macroscopicamente discordanti.

Il confronto tra i dati della curva di Keeling e quelli di IEA è stato da me rimarcato, al di là delle discordanze, per inquadrare al meglio la situazione ed i vistosi incrementi di CO_2 in atmosfera.

Fermi restando i predetti dati, sulla base di quanto sopra considerato ed esposto, al fine di rendermi e rendere consapevoli del reale stato delle cose, ho ritenuto avviare personalmente degli approfondimenti, in particolare analizzando gli apporti di CO_2 prodotti in atto dal fattore antropico, per verificare l'assonanza con le ricerche del mondo scientifico.

Quindi ho proceduto, con gli strumenti a mia disposizione, con il calcolo delle quantità di emissione di CO_2 emessa nel solo anno 2022.

RILASCIO DI CO_2 NELLA TROPOSFERA DEI SOLI MEZZI DI TARSPORTO

Partiamo da I.E.A, con il rapporto anno 2022 pubblicato a marzo del 2023 che testualmente dichiara:

Global energy-related CO_2 emissions grew by 0.9% or 321 Mt in 2022, reaching a new high of over 36.8 Gt. e quindi:

"le emissioni globali di CO_2 legate all'energia sono cresciute dello 0,9% ovvero di 321 Mt nel 2022, raggiungendo un nuovo massimo di oltre 36,8 Gt".

Ecco, 36.8 giga T di CO_2 presente nell'ambiente e un incremento per l'anno 2022 che intendo andare a verificare.

Per disporre di un dato che mi permettesse di avere una iniziale contezza dei dati indicati da IEA, per prima cosa ho ritenuto quantificare la **produzione di CO_2 dovuta ai soli mezzi di trasporto** e comprendere l'entità delle emissioni a livello mondiale solamente da parte codesti mezzi e poterla quindi rapportare al dato complessivo emissioni di 36.8 gigaT di IEA.

Tale verifica, è stata cosi impostata:

1. Emissioni *AUTOMOBILI*

Il parco macchine in talune nazioni del mondo attualmente si aggira: Europa 420 milioni di auto, America del nord 360 milioni, Asia 550 milioni.

Quindi solamente in queste tre realtà circolano 1 mld 330 milioni di autovetture.

In separata sede ho calcolato che nel mondo, una persona su cinque, detiene un'auto e, quindi, considerata la popolazione mondiale di 8 miliardi di persone, possiamo calcolare in circolazione 1.6 miliardi di automobili.

Considerato che un'auto produce mediamente 2.50 kg di CO_2 per litro di carburante consumato (mediando tra gasolio e benzina) e presupposto un consumo minimo medio di 10 lt di benzina al giorno possiamo dedurre che ogni giorno un'auto produce 25kg di CO_2 e per 1.6 mld di auto abbiamo una produzione giornaliera di **40 milioni di tonnellate** (25 kg die x 1.6 miliardi = 40 milioni di tonnellate) di CO_2.

Quantità questa che viene stimata non considerando le emissioni di CO_2 dei mezzi a due ruote nonché quelle derivate dai mezzi in dotazione alle forze armate di tutti i paesi del pianeta.

2. Emissioni ***VEICOLI PESANTI***

In Europa, su una popolazione di circa 450 mln di persone circolano 6,5 mln di mezzi pesanti. Quindi un mezzo pesante ogni settanta persone. Valore attendibile se consideriamo quali mezzi pesanti le macchine agricole, macchine industriali, ecc. Su tale base allora avremo un numero di mezzi pesanti sul pianeta pari a circa 114 mln. Considerata una percorrenza minima giornaliera media di km 100 e un consumo medio per mezzo pesante di lt 30 avremo emissione di CO_2 pari a kg 75 e per 114 mln mezzi quindi di 114 mln x kg 75 =**8.550.000 tonn.** al giorno.

3. Emissioni ***PULLMAN bus URBANI E INTERURBANI e TRENI.***

Autobus: n Italia circolano circa 100.000 di autobus tra quelli di città, di linea, turistici, ecc., su una popolazione di 60milioni di abitanti. Quindi un autobus ogni 600 abitanti.

Rapportati alla popolazione mondiale di 8 miliardi circolano circa 14 milioni di autobus.

Ne consideriamo 2/3 in funzione di un traffico ridotto nei paesi meno agiati, quindi circa 10 milioni di autobus.

Per una percorrenza media di 150 Km al giorno e un consumo medio di lt. 60 di carburante al giorno pari a kg 150 di CO_2 prodotta avremo:

10 mln x 250 kg di CO_2 = **2.500.000 tonnellate** al giorno.

Treni: I treni in Italia percorrono circa 12.000.000 di km al mese e al giorno circa 400.000 Km. I treni producono 44 gr di CO_2 x km e quindi 17 tonnellate di CO_2 al giorno.

La media giornaliera di persone che viaggiano in treno in Italia è di 6 milioni al giorno su 60 mln di abitanti e quindi il 10%. Pertanto la produzione di CO_2 per passeggero è di circa 3 gr di CO_2.Rapportando il calcolo suddetto alla popolazione mondiale dovrebbero viaggiare in treno ogni giorno 8 miliardi x 10% = 800 milioni.

Considerata una produzione di 3 gr a persona quindi avremo una immissione in atm di **2.400 tonnellate** die, senza considerare il parco treni obsoleti di molti paesi e quindi con quantità di CO_2 sottostimate di molto.

4. Emissioni ***TRAFFICO CIVILE AEREO***

Un aereo di medio raggio consuma ogni ora mediamente 5000 kg di carburante immettendo in atm 12.500 kg di CO_2 (anche se il cherosene produce più di 2.5 kg di CO_2).

Un aereo di medio raggio consuma ogni ora mediamente 5000 kg di carburante immettendo in atm 12.500 kg di CO_2 (anche se il cherosene produce più di 2.5 kg di CO_2).

Considerati mediamente x aereo 10 ore di volo, la CO_2 prodotta sarà di 12.5 tonn. x 10 = 125 tonn. die. Tenuto conto che nel mondo viaggiano ogni giorno circa 30.000 aerei la produzione di CO_2 sarà :125 x 30.000 =**3.750.000 tonnellate** die.

5. Emissioni ***TRAFFICO CIVILE MARITTIMO***

Il traffico marittimo, tra flotte mercantili, pescherecci, imbarcazioni da diporto, navi da crociera, si aggira intorno a 50 mln di mezzi navali nel mondo. Utilizzando olio combustibile, la produzione di CO_2 è maggiore di quella considerata per un kg di gasolio, ma la computiamo sempre a 2,5 kg.

A) **Navi da crociera** consumano 200 tonnellate di carburante al giorno emettendo 500 tonn. di CO_2. Considerato che nel mondo circolano 600 navi da crociera la produzione giornaliera di CO_2 sarebbe di circa 300.000 tonn. di CO_2.

B) **Pescherecci**: In Europa operano 13.000 pescherecci su una popolazione di 450 mln di persone e quindi circa un peschereccio ogni 35.000 persone. E quindi rapportando il tutto a 8 mld di persone, abbiamo circa 230.000 pescherecci in giro per il mondo. Con un consumo medio di lt 30 per ora e 10 ore 69.000 ton al giorno e quindi 69.000 x 2.50 = 170.000 tonn. circa di CO_2 giornalieri.

C) **Piccole imbarcazioni**: In Italia circolano circa 60.000 piccole imbarcazioni pari a 1 imbarcazione x mille abitanti.
Rapportando a livello mondiale con una imbarcazione non a 1000 ma per ogni 1.300 abitanti avremo: 8 mld:1.300 = poco più di 6 milioni di imbarcazioni nel mondo. Considerato che ciascuna consuma in media lt 8 di carburante ora e

quindi produce 20 kg di CO_2, per 10 ore di navigazione giornaliere avremo 200 kg di CO_2 e quindi una produzione mondiale di CO_2 di 1.200.000 tonnellate al giorno.

Il totale è di **1.670.000 tonn.** die di traffico marittimo.

L'emissione complessiva di detti mezzi di trasporto, sicuramente calcolata in difetto si aggira pertanto in tonnellate die:

Automobili 40.000.000

Veicoli pesanti 8.550.000

Pullman e treni 2.502.000

Aerei 3.750.000

Navi 1.670.000

Per un totale di **56.472.000**
e per 365 giorni
oltre 20 miliardi di tonn. di CO_2 e cioè **20 giga T**

Il calcolo di 20 giga T dei soli mezzi di trasporto, **ove sono state escluse, voglio ribadirlo, le produzioni delle forze armate terrestri, aeree e navali, di tutti gli eserciti del mondo**, confrontato con il dato complessivo dell'IEA di 36.8 giga T non torna completamente e quindi impone il procedere con ulteriori verifiche.

La differenza di 16.8 giga Tè troppo bassa e quindi non è pensabile attribuirla a tutte le industrie e le attività produttive del pianeta e quanto altro il fattore antropico riversa nella troposfera.

Inverosimile.

Non essendo io nelle condizioni pratiche di calcolare la produzione di CO_2 mondiale di tutte le industrie piccole, medie e grandi del pianeta e di tutte le immissioni di CO_2 derivanti dall'azione dei rimanenti fattori produttivi, ho cercato di aggirare l'ostacolo con una soluzione più pratica.

Dato che la quasi totalità non naturale della CO_2 emessa proviene dalla produzione di petrolio, gas naturale e carbone, vado avanti con la verifica di quanta CO_2 viene emessa nel pianeta sulla base della loro estrazione e utilizzo.

CALCOLO DELLA CO_2 IMMESSA NELL'AMBIENTE SULLA BASE DELLA PRODUZIONE ED USO DEI COMBUSTIBILI FOSSILI.

Quanto petrolio, gas naturale e carbone viene estratto e utilizzato quotidianamente nel pianeta e quanta CO_2 viene da questi prodotta?

Petrolio-
La produzione mondiale di petrolio si aggira in circa 100 milioni di barili al giorno, dei quali il 53% prodotta da USA, RUSSIA, ARABIASAUDITA, IRAQ, IRAN, CINA, BRASILE, EMIRATI ARABI(OPEC).
Considerato che un barile corrisponde a poco meno di 160 lt, per 100 milioni di barili al giorno avremo una produzione die di 16 miliardi di litri.

16 mld di litri per 2.50 kg/ CO_2/lt = 40 milioni di tonnellate al giorno e per 365 gg si ottiene 14.6 miliardi di tonnellate pari a **14.6 giga tonnellata anno di** CO_2.

Gas-

La produzione annuale è di quattromila miliardi di mc di gas. Un mc di gas produce 1,8 kg x mc di CO_2, quindi 4.000 miliardi x 1.80 pari a 7,2 miliardi di tonnellate e quindi **gigaT 7.2 anno.**

Carbone-

La produzione mondiale è di circa 30 milioni di tonnellate al giorno e quindi circa 11 miliardi di tonn. anno che moltiplicati x 3.50 (kg. 1 di carbone producono 3.50 kg. di CO_2) si avrà: 11 mld x 3.50 = 38.5 miliardi. di tonnellate quindi **38.5 giga T anno**

Il totale di petrolio, gas e carbone produce CO_2 per 14.6+7.2+38.5= **60.3 giga T anno.**

Considerato che non meno del 10% di questi subisce commercio a nero, il totale di giga prodotti è, o dovrebbe essere, non meno di

66 gigaT anno 2022.

Da notare come le emissioni addebitate al petrolio (14.6 giga T) sono più basse di quelle calcolate per l'uso dei soli mezzi di trasporto. Se i mezzi di trasporto in grande parte circolano con i derivati del petrolio, appare strano che la quantità delle emissioni relative ai soli mezzi di trasporto di 22 Gt risulti essere superiore a quello delle emissioni del petrolio prodotto nel pianeta di 14,6 Gt, quando invece sarebbe dovuto essere superiore e di molto visto che non sono state considerate tante altre emissioni. Quindi il conto non torna in quanto la produzione mondiale di petrolio, dovrebbe essere, e di molto, superiore a quella desunta dai dati produttivi ufficiali.

QUINDI RIEPILOGANDO SIAMO AD UN TOTALE DI PRODUZIONE DI CO_2 DA FATTORE ANTROPICO DI 66 GIGA TONN. ANNO.

Considerazioni:

Il dato complessivo delle attività antropiche indicato da IEA di 36.8 giga anno è nettamente inferiore al dato scaturente dalle emissioni complessive di petrolio, gas e carbone di 66 giga anno da me calcolati.

Quindi la CO_2 effettivamente immessa in atmosfera e scaturente dai predetti calcoli di 66 giga T anno, è di oltre il 55% in più dei dati comunicati da IEA.

Tutta questa enorme differenza di 29.2 miliardi di tonnellate induce molto a riflettere in termini emissioni di CO_2 in atmosfera e quindi di riscaldamento climatico.

Infatti, partendo dal dato che la produzione mondiale totale di petrolio nel 2018 era di 80,6 circa di barili al giorno e che quella del 2022 è stata di 100 mln di barili al giorno, l'incremento produttivo medio in questi 5 anni è stato del 25%. Questa percentuale di incremento della produzione di carburanti fossili la possiamo estendere anche al gas e al carbone.

Calcolo IEA

Produzione anno 2018 Giga T	Produzione anno 2022+25%Giga T	Differenza Giga T in 5 anni	Giga x anno
29,5	36.8	7.3	1.46

Da me calcolati

Produzione anno 2018 Giga T	Produzione anno 2022+ 25%Giga T	Differenza Giga T in 5 anni	Giga x anno
52.8	66	13.2	2.64

Se quindi l'incremento di CO_2 da 29,5 Giga T a 36.8 ha determinato l'aumento di 1°C in 5 anni (dato ufficiale), l'incremento da 52.8 a 66.8 GigaT avrà proporzionalmente prodotto l'aumento di 1,8° C in 5 anni e quindi x anno 0.36 decimi di grado.

Come dire che l'innalzamento termico globale nel periodo 2018-2022, non è stato di 0.20°C anno, come affermato da molti, ma di 0.36°C.

Quindi se tale è l'incremento, mantenendo questi livelli di emissione in atm di 0.36° C anno, da ora al 2050 avremo un riscaldamento prossimo ai 10°C sforando ogni previsione fino ad ora annunciata.

In conclusione se il riscaldamento della troposfera è dovuto solamente alle attuali emissioni di anidride carbonica le decisioni assunte con   Cop 28 e cioè di ridurre le emissioni entro il 2050, sono suicide.

Abbiamo descritto sin qui le emissioni di CO_2 da attività antropica. Ma nel pianeta, oltre alle emissioni antropiche ed altre naturali, si contrappone una potente attività di smaltimento della CO_2 presente nella biosfera e quindi andiamo a verificare quale e quanto.

PARTE 6ª

Assorbimento di CO2 delle foreste, dei suoli agricoli e prati-pascoli

Inizierei con il citare il nostro più grande alleato, nostra madre natura, sottolineando la valenza dell'arcinota ma poco attenzionata fotosintesi clorofilliana.

La fotosintesi delle piante: non posso che definirla un AUTENTICO miracolo della natura.

Il pensare che la foglia di una pianta presenta tali capacità produce ancor la medesima meraviglia della procreazione.

Rendiamoci conto come in detta foglia si verificano reazioni chimiche stupefacenti nella misura in cui l'assorbimento di un gas, la CO_2 si combina con l'acqua metabolica che la pianta risucchia del terreno e grazie ad una sostanza, la clorofilla, le cui molecole assorbono energia luminosa, si ottiene la formazione di glucosio. La clorofilla presente nei cloroplasti delle piante ha formula chimica $C_{55}H_{72}MgN_4O_5$, una formula così complessa per una funzione semplicemente importante.

Le piante sono comparse sul pianeta prima degli animali e quindi dell'uomo ed è come se esistessero per nutrire tutto il regno animale.

Ma andiamo all'assorbimento.

Questa peculiarità delle piante permette di convertire 6 molecole di CO_2 + H2O + energia solare in una molecola di glucosio $C_6H_{12}O_6$ + $6O_2$ sei atomi di ossigeno liberati in ambiente.

Considerato che il peso atomico del carbonio è 12 grammi, quello dell'idrogeno 1.008 grammi e dell'ossigeno 16 grammi, una molecola di glucosio pesa 181 grammi.

FORESTE

Un kg di legno contiene 500 grammi di carbonio quindi per produrre un kg di legno la pianta deve assorbire 1831 gr di CO_2 cioè kg. 1.83 di CO_2.

Ho preso quale riferimento per i miei calcoli, in una piccola pineta, un albero di pino di circa 40 anni di età, che un diametro del tronco di cm 30 alla base, mt. 10 di altezza e ramificazioni di lunghezza media mt. 3 e larghezza chioma di mt 6.

Per cui ho verificato l'accrescimento nell'anno 2022 con il seguente calcolo:

Dimensione del tronco inizio anno= 2πrx3,14 = 15x15x3.14 = 706 cm²

Dimensione tronco dopo 365 gg di assorbimento CO_2= 2πrx3,14 = 16x16x3.14 = 803 cm²

Accrescimento annuo= 803-706 = 97 cm² (cm 1 di circonferenza) 97 x 1000 cm di altezza = 97.000 cm cubi

Considerato che un 1 mc corrisponde a 1.000.000 di cm cubi, avremo un incremento di circa 1/10 di mc e per un peso medio di 600 kg di legno x mc. otterremo una produzione annua di 60 kg. di legno a cui aggiungere un minimo di almeno 5 kg di legno derivato dalla chioma.

Quindi ogni albero produce circa 65 kg. di legno anno e con una densità minima per ettaro di 200 piante, avremo una produzione di legno di 13.000 Kg. per ettaro.

La superficie forestale mondiale pari ad Ha 3.9 miliardi produrrà una quantità di legno pari a: 3.9 mld x 13 tonn.=50.7 miliardi di tonnellate.

Tenuto conto che per produrre 1 kg di legno la pianta deve assorbire kg. 1.83 di CO_2, quindi con una produzione di 50.7 miliardi di tonnellate di legno le foreste avranno assorbito circa 93 miliardi di tonnellate di CO_2 e **quindi 93 giga tonn.** Volendo comunque *esageratamente ridurre* la capacità di assorbimento delle foreste di 1/3 rispetto a quanto sopra indicato, si calcola un **assorbimento ridotto a 61 giga T anno.**

PRATI PASCOLI

Un prato-pascolo può assorbire circa 2 tonn. di CO_2 anno per ettaro.

Considerata una superficie mondiale di 3.4 miliardi di prati pascoli si avrà un assorbimento complessivo di circa 6.8 mld di tonnellate anno pari a **giga T 6.8.**

TERRE COLTIVATE e COLTIVAZIONE PERMA-NENTI

Comprendono impianti frutticoli, olivicoli e arborei in genere, orticoli, cerealicoli, per una superficie di 1 MLD 540 milioni di ettari.

Mediamente si calcola che 1 ettaro di queste colture assorbe 30 tonn. anno di CO_2, quantità che, come per le foreste, riduciamo di 1/3 e quindi 20 tonn. anno x 1,540 miliardi si avrà: 46.2 mld di tonnellate pari a **46.2 giga T anno**

Il totale di foreste, prati-pascoli e terre coltivate pertanto produrranno un assorbimento di CO_2 pari a:

FORESTE 61 GIGA T

PRATI PASCOLI 6.8 "

TERRE COLTIVATE 30.8

TOTALE ANNO 98.6 GIGA T

N.B: In tutto il calcolo effettuato non è stato considerato il verde urbano, il verde alberato e arbustivo di fiumi, torrenti e laghi e nemmeno il sottobosco di boschi e foreste. Si è invece tenuto conto della *diversa capacità di assorbimento, considerate le piante a foglia caduca nel periodo invernale nonché della sosta vegetativa estiva delle superfici arabili.*

Ritengo inoltre opportuno evidenziare che ho avuto modo di verificare in un report specializzato un calcolo dell'assorbimento totale annuo di CO_2 da parte delle piante. Tale dato è indicato in una quantità di 115×10^9 tonnellate anno.

Sviluppando detto calcolo viene fuori un assorbimento di CO_2 di 115 miliardi di tonnellate e quindi 115 gigaT, quantità vicina e ovviamente addirittura superiore a quella da me calcolata di giga 98.6 T.

Ciò mi ha confortato sull'attendibilità dei miei calcoli.

Per quanto inoltre concerne **l'altro importante pozzo di assorbimento CO_2 e cioè il mare, pur essendo di proporzioni notevoli,** al fine di compensare altre fonti di produzione di CO_2 nel pianeta non calcolate e che comunque possiamo considerare fisiologiche (incendi annuali boschivi, emissioni animali, emissioni umane, ecc.) è stato escluso dal conteggio, cosi come i **suoli**.

PARTE 7ª

QUINDI DAI SUDDETTI CALCOLI POSSIAMO CONTARE SU UN ASSORBIMENTO DI ANIDRIDE CARBONICA COMPLESSIVO DI

98.6 GIGA TONN. ANNO da attribuire ai vegetali.

Tenuto conto che il mio calcolo di emissione in troposfera di CO_2 è di 66 giga tonn. annuo e che le sole piante assorbono 98.6 Giga tonn. anno, alla luce di questi calcoli si deduce che la emissione di CO_2 da fattore antropico rappresenta appena il 67 % circa della capacità del pianeta di assorbire CO_2.

Come detto in precedenza le emissioni di CO_2 dai dati IEA ammontano per l'anno 2022 a 36.8 giga T, con un aumento rispetto al 2021 di 321 milioni di tonnellate, cioè 0.321 giga T.

Dai dati indicati dalla curva di Keeling l'incremento di CO_2 in atmosfera è stato invece di 2 ppm e quindi 15.64 giga anno 2022 e pertanto la rimanente parte di CO_2 prodotta dal fattore antropico sarebbe assorbita da piante e oceani e quant'altro. Quindi

Dati ufficiali indicati secondo:

Curva di	Keeling	IEA
• Immessi in atm	Giga T 36.80	anno 36.80
• Catturati dalle piante	Giga T 21.16	anno 36.48
• Incremento in atm	Giga T 15.64	anno 0.321

Riferendomi alla più elevata cattura di CO_2 indicata da IEA, pari a 36.48 giga T, tale quantità è circa 1/3 dell'assorbimento del solo verde terrestre di 98,6 giga da me calcolato, ma superiore a quello del dato curva Keeling che pertanto si **scontra sia** con il dato IEA e quello dello scrivente.

E pertanto mi sono chiesto come mai tale aumento di CO_2 rilevato in atmosfera quando invece la concentrazione, visto l'assorbimento delle piante, si sarebbe dovuta ridurre nel 2022 e negli anni precedenti?

Le ipotesi:

1) Le piante potrebbero avere ridotto, addirittura più che dimezzato, la loro capacità di cattura di CO_2?

OPPURE

2) La produzione ed il consumo di petrolio, gas naturale e carbone è stato superiore DEL TRIPLO rispetto a quanto ufficialmente dichiarato dagli stati produttori e cioè molto oltre 100 milioni di barili di petrolio, 10 milioni di mc gas e 30 milioni di tonn. di carbone al giorno.

Le piante, escluso frutticoli, olivicoli, viticoli che già nel 2023 in talune aree del pianeta hanno mostrato qualche segno di sofferenza, non hanno evidenziato particolari problemi, pertanto l'ipotesi più probabile è la seconda, anche se, sembra inverosimile che i paesi produttori **riescano a occultare circa 2/3 della produzione mondiale dei prelievi fossili.**

La domanda a questo punto sorge spontanea.

Volendo escludere le due causali, fermo restando gli incrementi di CO_2 (che dai dati IEA appaiono trascurabili per l'anno

2022) in atmosfera, cosa provoca allora il riscaldamento globale?

Che vi sia riscaldamento è innegabile, e, volendo quantificarlo secondo la curva di Keeling, per il 2022 sarebbe di 3 decimi di grado C (da 1,2° a 1,5°) che con lo status quo attuale di emissioni, produrrebbe, entro il 2030 un incremento termico di 2.7° C, entro il 2040 di 5,7°C ed entro il 2050 di 8.7°C.

La bollitura del pianeta!!!!!!!!
Quindi, occorre individuare l'eventuale concausa o altre cause per opportune e conseguenziali valutazioni.

Volendo escludere emissioni in atmosfera quantitativamente significative di altri gas serra quali metano, protossido di azoto e fluoruri, sebbene in questi ultimi anni un certo incremento di metano si sia avuto, dovrebbe essere verificata una mia ipotesi e cioè che il riscaldamento globale, quale concausa meritevole di attenzione, **potrebbe provenire dalla quantità di *calore* immesso nell'ambiente causato ancora una volta dall'uso dei carburanti fossili, stante che il loro utilizzo produce sia CO_2 che calore.**

Non avendo il calore pozzi di assorbimento come la CO_2, potrebbe rappresentare una significativa concausa del riscaldamento globale. Ciò di mi ha indotto ad eseguire dei calcoli sulla quantità di energia termica immessa in atmosfera dall'uso dei carburanti fossili nell'anno 2022.

PARTE 8ª

Calcolo dell'energia termica emessa dal fattore antropico.

Il calcolo suddetto, come per la CO_2, fa riferimento al calore emesso dalle medesime quantità produttive mondiali di Petrolio, Gas naturale e Carbone.

Trattandosi di indici volumetrici, il riferimento è al volume della troposfera e con particolare riferimento ai primi 3000 metri di altezza e cioè a livello nuvole e valutando lo zero termico mediamente a quella quota.

Considerato che:

Il petrolio produce 10 kwh/litro di energia calorifica

Il gas naturale 9.58 Kwh x mc

Carbon coke 8.22 kwh x kg.

Vediamo quanto è l'energia calorifica necessaria per riscaldare 1 mc di aria alla temperatura e pressione media della superficie terrestre:

PETROLIO:

Un lt. di petrolio produce, come detto, 10 Kwh di energia.

Quanti mc di aria riscalda detto litro di 1°C?

1 Kwh fornisce 860 kcal e quindi 1 lt di petrolio producendo 10 kwh fornisce 8600 Kcal.

Per scaldare di 1°C 1 mc di aria occorrono 0.295 Kcal e quindi quanti mc di aria riscaldiamo di 1° con 8600 kcal?

85

8600: 0.295 = mc 29152 e quindi circa 30000 mc di aria x lt di petrolio.

GAS NATURALE:
1 mc di gas produce 8200 kcal, pertanto 8200: 0.295 = 28000 mc scaldati con 1 mc di gas di 1°.

CARBONE: 1 kg di carbone produce mediamente 5300 Kcal, pertanto 5200:0.295 = 18000 mc di aria di 1°
Riepilogando:
1 lt di Petrolio riscalda di 1° mc 30.000 di aria
1 mc di gas riscalda di 1° mc 28.000 di aria
1 mc di carbone riscalda di 1° mc 18.000 di aria

Ma andiamo adesso a calcolare quanti mc di aria vengono riscaldati di 1° dalla produzione mondiale da questi tre carburanti fossili.
PETROLIO
Produzione 100 milioni di barili al giorno x 160 litri a barile=16 miliardi di litri
- 16 miliardi di lt al giorno x 30.000 kwh litro=
480.000 mld mc in un giorno e per 365 gg = **0,175 trilioni** di mc aria riscaldati di 1° in un anno.
GAS NATURALE
Il gas naturale prodotto è di 4.000 miliardi di mc anno, quindi 4.000 mld x 28.000 kcal =**0,112 trilioni di mc**

CARBONE: La produzione giornaliera di carbone è di 30 mld di Kg x 18.000 kcal = 540.000 mld di mc al di e per 365 gg avremo

540.000 x 365 = **0,197 trilioni di mc**

Quindi un totale di mc di aria riscaldata pari a:

0.484 trilioni di mc di aria riscaldata di 1° in un anno.

Ma calcoliamo il volume della biosfera fino a 3 Km. di quota

La superficie terrestre è di 510 milioni km quadrati e quindi km. 22.580x22.580.

Consideriamo adesso un'altezza della troposfera con temperatura media di -5°C, calcolando una diminuzione di 6.5° ogni 1000 metri a partire da una temperatura media di 15 gradi al suolo.

Avremo la temperatura di -5°C a mt 3000 di altitudine.

La temperatura presa in considerazione di -5°C, è presente alla quota di circa 3 Km (il vapore acqueo a quella temperatura dà luogo a condensa e cristalli di ghiaccio) e quindi ho voluto considerare come zona interessata dal riscaldamento la troposfera fino alla suddetta quota.

Fermo restando tale dato, andiamo a calcolare il volume della troposfera fino a 3000 metri di altezza e quindi:

22583000 mt x 22583000 mt x 3000 = mc 1,530 triliardi

Quindi: Volume della troposfera fino a 3000 mt di altezza **1,530 trilioni di mc**

Dal calcolo di cui sopra il volume di aria riscaldata da carburanti fossili è di **0,484 trilioni di mc**

Pertanto il calore prodotto dalle attività umane con i soli carburanti fossili riscalda di 3,2 decimi di grado anno la troposfera fino a 3 Km di altezza.

A questo punto dobbiamo fare delle considerazioni.

Il calore potrebbe rappresentare la concausa che andrebbe ad incrementare la temperatura della biosfera fino a 3 km di quota di 3,2 decimi °C, e, unitamente alla CO_2, secondo questo calcolo, concorrerebbe ad elevare l'ipertermia della atmosfera con conseguenze non immaginabili.

È noto che la copertura nuvolosa provoca effetto serra. L'aumento della temperatura nei bassi strati della troposfera accelera e incrementa grandi quantità di vapore acqueo, che tende a migrare in quota, fino a quando, intorno a 3000 metri con una temperatura di circa -5°C, inizia la condensazione con ispessimento dello strato di condensa e formazione di cristalli di ghiaccio che inglobando aria, intensificandosi, potrebbero dare luogo ad un **effetto igloo da vapore acqueo e ghiaccio.** Tale effetto, bloccando la fuoriuscita di calore dalla bassa troposfera, *incentiverebbe ulteriormente il riscaldamento.*

Tale ipotesi sarebbe da verificare con mezzi idonei a rilevare i dati circa l'entità dell'effetto serra da copertura nuvolosa.

Altra ipotesi limite sarebbe il considerare i cirri, tipi di nuvole presenti mediamente a circa 9 km di quota, con temperatura intorno a -40°C e costituiti da cristalli di ghiaccio,

In detti cirri un aumento della evaporazione determina l'ispessimento dei cristalli di ghiaccio fino a 100 metri e quindi effetto serra.

In tal caso, l'aumento termico derivato dal calore dovrebbe essere calcolato sulla base di km. 9 di altezza e quindi un volume della troposfera di 4.59 trilioni di metri cubi, che rapportato a 0.459 trilioni riscaldati di 1° darebbe un incremento della temperatura di 1 decimo di grado.

Per quanto sopra, tenuto conto che il calore prodotto dalla CO_2 e calcolato per l'anno 2022 dalla curva di Keeling in 3 decimi di grado (da 1,2 a 1,5), senza ulteriori aumenti di consumo di carburanti fossili e quindi mantenendo lo status quo della produzione, avremmo incrementi di temperatura a partire dal 2023 di:

A. Effetto serra a 9.000 metri

    Keeling 3 decimi di grado di aumento anno 2022

    Calore   1 decimo di grado di aumento anno 2022

    Per un complessivo di 4 decimi di gradi C anno e in 10 anni di 4° C.

B. Effetto serra a 3.000 metri

    Keeling 3 decimi di grado aumento anno 2022

    Calore 3,2 decimi di grado aumento anno 2022

    Per un complessivo di 6,2 decimi di gradi C anno e in 10 anni d 6,2° C.

Quindi avremo certamente e comunque nei prossimi dieci anni, entro il 2032, nella migliore delle ipotesi, un innalzamento della temperatura minimo di 4°C che, con l'aumento relativo agli anni 2018-2022 pari a 0,6 decimi per ciascun anno, porterebbero ad un innalzamento complessivo di 4.6° C.

A meno che l'effetto calore da considerare non sia quello fino a 3 km s.l.m e allora la temperatura salirebbe entro il 2032 a 6,8° C.

Mi spaventa considerare l'incremento in atmosfera della CO_2 sulla base di quanto indicato dall'Osservatorio delle Hawaii per l'anno 2023 di altre 3 ppmv.

Il dato che scaturisce di 4.9° C, entro il 2032, sarebbe ancor più drammatico.

Ma andiamo ottimisticamente a considerare l'ipotesi dell'incremento minimo di 4,6°C al 2032. Tale incremento sarebbe più marcato nelle fasce subtropicali e temperate e da 25 a 50° di latitudine nord e sud e in particolare nei mesi di giugno, luglio e agosto, con picchi termici superiori a quelli attuali di oltre 4,6°C.

Se a questa ipertermia aggiungiamo l'aumento della siccità e la quasi assenza di piogge del periodo maggio, giugno, luglio, agosto, settembre, con la conseguenziale carenza di disponibilità idrica nel suolo, ciò addurrebbe tale stress ai vegetali che, in coincidenza delle fasi di allegagione, accrescimento e maturazione dei prodotti derivati, vedrebbero rallentare o azzerare la propria attività fotosintetica.

Ciò posto, vediamo adesso gli scenari derivati dal descritto riscaldamento.

PARTE 9ª

Ipotesi di scenari prodotti dalla ipertermia del pianeta

1° SCENARIO:

SITUAZIONI METEO ESTREME

Di queste manifestazioni abbiamo già chiara visione per quello che sta succedendo sin dal 2010, con la tempesta sulle coste francesi atlantiche, picchi di calore in Russia fino a 39°C, inondazioni in Australia, disastri naturali in USA, roghi forestali ovunque, siccità in alcune aree del pianeta e cd eventi estremi con alluvioni a macchia di leopardo, caldo anomalo con picchi fino a 34 gradi in Svezia e Norvegia, picchi fino a 46 gradi in Spagna(Andalusia) nel 2019.

L'innalzamento termico, con le potenti turbolenze generate dai volumi di vapore che si alzano nella troposfera, già da anni hanno dato ampia dimostrazione dello sconvolgimento meteo a livello mondiale e si tratta di aree diversamente localizzate che per motivazioni e condizioni, orografiche, idrografiche, altimetriche ecc., hanno già subito questi eventi avversi. Ma l'ulteriore riscaldamento climatico potrebbe creare situazione diffuse di tali eventi con conseguenze economiche, sanitarie e sociali gravissime.

Basta l'esempio dell'anno appena trascorso nel mese di maggio del 2023 in Romagna. In questa regione, un ciclone ha determinato allagamenti, straripamenti e frane mettendo in ginocchio tutta l'area interessata, con 17 morti, oltre 25.000 sfollati e 10 miliardi di danni all'agricoltura e alle infrastrutture viarie e a quelle turistiche di balneazione. Nel 2017 nella stessa zona una ondata di caldo anomalo ha portato il termometro fino a 43°. Nel medesimo anno vastissimi incendi hanno colpito diverse regioni del mondo, alluvioni in Cina e Monzambico.

2° SCENARIO

CONSEGUENZE DEL RISCALDAMENTO DEI MARI e INNALZAMENTO DEL LIVELLO DEGLI OCEANI

L'espansione termica dovuta al riscaldamento dei mari è una realtà che si verifica da decenni ed è la conseguenza più evidente delle cause del riscaldamento in corso e ci anticipa quello cui assisteremo nei prossimi decenni con l'iper riscaldamento del pianeta. Tale aumento di volume da espansione termica ha contribuito per circa il 30-40% all'innalzamento del livello dei mari e il procedere dello scioglimento

Si calcola che fin ad adesso l'innalzamento complessivo del livello dei mari possa essere quantificato in non meno di 3 mm anno. I vari studi hanno valutato l'innalzamento del livello del mare in circa 50 centimetri entro il 2100 e ciò sulla base degli aumenti di temperatura contenuti entro i 2° C.

Ma alla luce dei calcoli prima eseguiti è scaturito che il riscaldamento globale, nella migliore delle ipotesi, sarebbe di 4,6 decimi di grado anno e, quindi, se non avviene riduzione delle emissioni, l'innalzamento del livello dei mari tenderebbe al raddoppio e quindi a raggiungere quote superiori al metro già entro un decennio, con le conseguenziali ripercussioni di ordine sociale ed economico quali trasferimento delle popolazioni nell'entroterra, perdita di tutte le strutture portuali, allagamento di città, ecc.

Inoltre produrrebbe cambiamento delle biodiversità marine che stravolgerebbe gli equilibri attuali mediante trasferimento della fauna acquatica in acque più fresche e quindi sovraffollamento di specie ed estinzione di quelle più deboli anche se ubiquitarie.

3° SCENARIO

RIDUZIONE O BLOCCO DELLA FOTOSINTESI

Come già ricordato nella parte 6ª, le piante espletano il loro ciclo naturale di crescita e riproduzione grazie alla fotosintesi.

Detta fotosintesi, con l'assorbimento della CO_2 presente nell'ambiente, determina la produzione degli zuccheri necessari alla continuità del ciclo biologico delle piante.

Il riscaldamento dell'ambiente attiverebbe un meccanismo di difesa delle piante con chiusura degli stomi e riduzione o azzeramento dell'assorbimento della CO_2 presente in atmosfera.

Il ridotto assorbimento significherebbe un aumento della concentrazione di CO_2 dell'ambiente, con conseguenziale aumento del riscaldamento e ulteriore riduzione della capacità di assorbimento da parte delle piante.

Quindi si innescherebbe un meccanismo di **"causa-effetto"** che diverrebbe irreversibile.

Le fasce climatiche ove teoricamente potrebbe essere maggiore la temperatura dell'ambiente sarebbero quelle comprese tra la fascia equatoriali e le sub-tropicali-temperate e in particolare quelle comprese tra 25° e 35° di latitudine (le sub tropicali nord e sud) e tra 35° e 50° di latitudine(le temperate nord e sud).

In queste aree si assisterebbe ad una progressiva diminuzione delle produzioni agroalimentari che già entro il 2032, tenuto conto dell'incremento termico di minimo +4,6°C si assottiglierebbero progressivamente con l'innalzarsi delle temperature.

Si assisterebbe ad un collasso e disseccamento delle vegetazioni e sopravvivrebbero solamente le piante che più resistono alla siccità cd al calore e cioè le cactacee e similari.

Quindi ci troveremmo di fronte ad una situazione alimentare inizialmente ridotta e tale da costringere le popolazioni delle predette fasce climatiche a trasferirsi in parte nella fascia equatoriale ed in gran parte in quella sub artica oltre i 50° di latitudine nord. Insignificanti gli eventuali esodi stante oltre i 50° di latitudine sud in quanto non sono praticamente presenti terre emerse.

Proviamo ad immaginare gli effetti di tale situazione e i relativi movimenti di popolazione; esodi biblici con milioni se non miliardi di persone in cerca di cibo e di ambienti in cui sopravvivere.

Con quali conseguenze?

Il recentissimo Word Economic Forum Annual Meeting di Davos del gennaio 2024,con la presenza di 60 capi di Stato e dirigenti delle principali compagnie internazionali, banche,ecc si occupa di economia , finanza e politica, di salute e ambiente con particolare riferimento, come già detto, alle tematiche relative alla lotta alla povertà, alla fame, accesso all'acqua ed in generale alla crescita sostenibile, compresi gli aspetti climatici e ambientali, mi ha indotto a delle considerazioni specifiche relative agli effetti concreti che un esodo di massa potrebbe avere sulla base delle problematiche suddette.

In particolare lo stravolgimento della nostra vita, delle nostre abitudini, dei nostri bisogni.

Milioni di persone che non potrebbero più disporre di medicine ed ospedali per curarsi, carenza di acqua, la fine del nostro patrimonio culturale, della nostra arte.

Non ci sarebbe alcuna ONG pronta ad accoglierci, corridoi e sostegni umanitari, la fine dei diritti e doveri, dell'ordine pubblico, delle università, scuole. Diverremmo animali vaganti senza presente e senza futuro. Una tale situazione sarebbe sofferta da tutti eccezione fatta per i magnati del pianeta che avrebbero le risorse e i mezzi per potere alleviare la situazione, aerei, elicotteri e navi per spostarsi, sicuri rifugi sotterranei pieni di provvviste.

Ritornando agli esodi verso le aree a nord del pianeta, i paesi posti alle latitudini oltre i 50° potrebbero accogliere e sfamare tali immani movimenti migratori?

Non oso immaginare!!!!

Una catastrofe di queste dimensioni, non mi stancherò mai di scrivere, trova solo un modo per essere evitabile e cioè la riduzione o la rinuncia all'uso dei carburanti fossili. L'uomo sarebbe costretto a privarsi di tanto ma eviterebbe una crisi esistenziale e potrebbe vivere una vita degna di essere vissuta.

Questi possibili scenari al momento vengono appena larvatamente accennati dai media.**Giornali, Tv e Radio non dico che ignorano il problema che ci troviamo di fronte, ma non lo trattano con la dovuta attenzione e per la sua reale gravità.**

La situazione climatica viene attentamente seguita dal mondo scientifico e, da qualche anno, anche dai sistemi di potere, anche se pubblicamente affrontata con tanta circospezione e discrezione.

A tanto silenzio stranamente corrispondono da qualche anno rilevanti ricerche, che sostenute da ingenti investimenti, si sono recentemente tramutate in atti concreti diretti verso la produzione di alimenti cosiddetti sintetici o di laboratorio, quali carni, latte, pesce, ecc., che dovrebbero rappresentare l'alimentazione di domani, **non in alternativa ma in sostituzione delle attuali derrate alimentari.**

Ufficialmente questa corsa agli elementi sintetici viene giustificata con l'accezione che bisogna ridurre le emissioni di CO_2 del mondo animale domestico (ruminanti in particolare), ma considerato che tali emissioni non rappresentano, come già detto, che una bassissima percentuale del totale delle emissioni, l'ipotesi più accreditabile è che serviranno per alimentare le popolazioni superstiti dei paventati eventi catastrofici.

Ma è obiettivamente ipotizzabile che nel giro di un decennio detti alimenti prodotti da laboratori chimico-industriali possano nutrire miliardi di persone?

Intanto è partita un'autentica **corsa** alla ricerca e produzione di alimenti alternativi di laboratorio o sintetici come dir si voglia.

All'apparenza potrebbe sembrare la solita inappagata speculazione economica e l'insuperabile tendenza a fare sempre e comunque businnes, ma bisogna aprire gli occhi e rendersi conto che non può essere solo businnes.

Abbiamo avuto tutti modo di sapere e, ci saremo anche chiesto il perché, della gran fretta da parte dell'Unione Europea di approvare e pubblicare nel 2021 l'uso di derivati da insetti e con il governo Italiano che in data 29/12/2023 ha pubblicato in Gazzetta il decreto che regola la commercializzazione di prodotti derivati di quattro diverse specie di insetti in forma essiccata, congelata e in polvere (vermi e larve della farina, locuste e grilli).

Oltre a ciò la start up multinazionale Israeliana Remilk avvia il progetto di costruzione di un impianto in Danimarca per la produzione di latte sintetico dalla capacità produttiva uguale a 50.000 bovini, sfruttando un processo di fermentazione da parte di lieviti, sui quali si inseriscono le istruzioni su come si producono le proteine del latte nel DNA del lievito.

I lieviti vengono fatti crescere e proliferare all'interno di fermentatori ove i microorganismi si moltiplicano producendo proteine del latte. A queste vanno aggiunti sali minerali, vitamine e grassi non di origine animale e quindi ecco la produzione di prodotti caseari di tutte le tipologie.

Per completare il quadro, oltre la produzione di carne sintetica e pesci sintetici non potevano mancare miele, uova, ecc.

Quanti di questi alimenti ed in quanto tempo sarebbero disponibili per alimentare 8 miliardi di persone ogni giorno?

Utopia pura e quindi lascio immaginare le conseguenze che il riscaldamento potrebbe avere sulla penuria alimentare, con particolare riferimento allo scenario più delicato e cioè le migrazioni di massa.

4° SCENARIO

ESODI MIGRATORI INCONTROLLABILI

Premesso che la superficie complessiva delle terre emerse è di 118 milioni di km$^{.2}$ più 16 milioni di km^2 l'Artico e 14 milioni di km^2 l'Antartico, per un totale di 148 milioni di km^2.

Della superficie di 118 milioni dei continenti, 40 milioni di km^2 si trovano al di sotto della fascia equatoriale e 78 milioni di km^2 al di sopra della fascia equatoriale.

Al di sotto della fascia equatoriale e alla latitudine di 50° sud esistono pochissime terre emerse e inoltre i ghiacciai dell'Antartide.

Se ipotizziamo una carenza alimentare essenzialmente nella fascia compresa tra 25° e 50° di latitudine nord, le popolazioni ivi presenti non avrebbero altra soluzione vitale che trasferirsi nella fascia a latitudine 50°nord e in parte potrebbe trasferirsi nella fascia equatoriale, ove, in atto, anche con il riscaldamento globale vi è un più contenuto innalzamento delle temperature e condizioni pluviometriche vicino alla normalità. Quindi esodi verso il nord del pianeta e meno accentuati verso l'equatore.

Una situazione drammatica in quanto la maggior parte della popolazione mondiale è ubicata nella fascia compresa tra 25 e 50° di latitudine nord.

Un'apocalisse!!!!!

L'anno 2023 ha dato molti segnali delle anomalie climatiche in atto in Europa.

Significativo, come prima accennato, il calo delle produzioni di vino, olio e di orticole in particolare pomodoro, per il quale l'innalzamento di temperatura della tarda primavera e in piena fioritura delle piante, ha determinato disidratazione e disseccamento dei fiori e per tutta l'estate non si è proceduto ad alcuna raccolta; solo a fine agosto si è avuta una fioritura tardiva e relativa allegagione e ingrossamento dei frutti con parziale recupero delle perdite di prodotto.

Ciò non si è verificato per i vigneti nei quali il graspo fiorisce solo una volta e quindi le perdite di prodotto per anomala allegagione, si sono mantenute fino alla raccolta che è stata ridotta rispetto agli anni precedenti.

Gli oliveti ed in particolare quelli non irrigui e nei terreni meno freschi, hanno invece sofferto della siccità riducendo lo sviluppo dei frutti e quindi il calo della produzione di olio.

Le olive, in tutto il periodo agosto settembre ottobre si presentavano disidratate e le piante mostravano chiari segni di sofferenza con notevole defogliazione.

Ecco i primi effetti tangibili del riscaldamento sulle piante.

L'uomo fisicamente potrebbe resistere all'aumento di 4,6° e anche oltre con relativa facilità, lavorando all'ombra, climatizzando ove possibile gli ambienti di lavoro, ecc.

Ma potrebbe mai resistere alla fame e alla sete?

Abbiamo in questi nostri giorni assistito, per motivi ancestrali legati a questioni territoriali e religiose, all'esodo dal nord al sud della striscia di Gaza, di alcune centinaia di migliaia di persone, con donne, vecchi e bambini. Un esodo che ha ridotto quelle popolazioni allo stremo, non disponendo più di nulla oltre le masserizie che portavano con sé. Acqua potabile al lumicino, alimenti quasi assenti, ospedali senza luce e senza medicine, mancanza di carburanti e di ogni minimo mezzo comunemente usato nella vita di tutti i giorni.

Oltre ogni immaginaria precarietà!!!!

Consideriamo se lo stesso problema, ma di provenienza diversa, si dovesse presentare per la popolazione mondiale. Cosa accadrebbe?

Parte esigua delle popolazioni costiere delle aree interessate rimarrebbe nelle terre di origine potendo in parte sopperire alle esigenze alimentari con la pesca e l'utilizzo di piante di tipo cactaceo e similari e comunque con quelle poche essenze vegetali resistenti al caldo.

Una piccola parte della popolazione mondiale si trasferirebbe in determinate aree, delle vere e proprie oasi, ove le circolazioni cicloniche persistenti e localizzate, dovute alla continuità di eventi meteo estremi e quindi condizioni favorevoli al formarsi di riserve idriche e anche alimentari, anche se con gli incrementi termici presenti, potrebbero sopravvivere.

Ma altre centinaia di milioni di persone ,con decine di milioni di mezzi di trasporto tra automobili, autobus, camion, treni, ecc., per le strade del mondo ,con ingorghi giganteschi nelle traiettorie di emigrazione(passaggio di fiumi, mari, e monti) e con milioni di detti mezzi abbandonati strada facendo, scorte alimentari sempre più in assottigliamento, dovrebbero emigrare in quelle aree più vivibili ma con un enorme problema: non avrebbero lo spazio vitale e mezzi di sussistenza per convivere con i residenti dei paesi sopra detti 50° di latitudine nord.

Bisogna anche considerare che nei paesi di arrivo si avvierebbe, da parte di questi ultimi, una difesa ad oltranza dei propri confini, con scontri tra le popolazioni in esodo e le popolazioni residenti.

Tra carestie e malattie varie, tali popoli transumanti verrebbero decimati e le perdite sarebbero veramente enormi.

Gli uomini....... e gli animali?

Il 90% della fauna mondiale, per siccità e assenza di cibo, andrebbe in estinzione. Solo le specie migratorie avrebbero la possibilità di spostarsi e sopravvivere

Cosa rimarrebbe dell'homo energivoro?

Dove finirebbero i sogni di ogni essere umano, le ambizioni, i desideri, le aspirazioni e quanto giorno dopo giorno ciascuno di noi agogna?

Ecco, quanto descritto fino ad ora, è un ipotetico compendio tra eventi, dati e loro ricadute.

Doveroso quindi in conclusione trattare delle alternative adottabili per eliminare tutte le problematiche e le vicende descritte.

L'abolizione dei carburanti fossili dall'oggi al domani è impensabile per una molteplicità di fattori.

Gli uomini, come già detto, mai rinuncerebbero al benessere presente, i paesi produttori di carburanti fossili mai rinuncerebbero ai guadagni derivati che permetterebbero loro di pervenire a condizioni di sviluppo eguali o superiori a quelli dei paesi più progrediti.

Ciò è sotto gli occhi di tutti.

Kyoto1997, Parigi 2015 e Cop28 2023, sono passati 26 anni e stiamo ancora giocherellando sul ciglio del baratro che abbiamo davanti.

Tutti i timidi tentativi di avviare una nuova stagione per il pianeta e l'umanità, le conferenze internazionali e consessi mondiali, pur armati di buone intenzioni, sono rimasti soltanto delle chimere.

Penso ancora una volta a Davos (15-19 gennaio 2024), ove si sono affrontate le questioni relative allo sviluppo sostenibile, con la lotta alla povertà, alla fame, accesso all'acqua ed in generale crescita sostenibile, compresi gli aspetti climatici e ambientali e tanto altro, ma i risultati si sono sempre mostrati scarsi e comunque poco incisivi.

Ma la nota più pesante e più dolente deriva da Cop 28 l'ultima edizione-passerella che si è svolta dal 30 novembre 2023 al 13 dicembre a Dubai negli Emirati Arabi Uniti.

E' scaturito un accordo ratificato tra circa 200 paesi del mondo con l'impegno formale di accelerare la decarbonizzazione del settore energetico, limitare le emissioni e fermare il riscaldamento globale con un documento prodotto definito "Global stocktake " che definisce le azioni che i paesi debbono mettere in atto per limitare il riscaldamento globale entro 1,5° ,cosi da raggiungere la neutralità climatica entro il 2050,quando contemporaneamente, in quella stessa sede, il Copernicus Climate Change Service (Ente Spaziale Europeo) comunicava che nel solo anno 2023 si sono registrate temperature di 0,8° C superiori alla media degli ultimi 30 anni.

La verità è che tutti i citati paesi non si sono potuti, dopogiorni

e giorni di discussioni mettere d'accordo e l'elefante partorito il topolino. Un accordo con il quale ci si impegna a ridurre le emissioni entro il 2050 per i paesi produttori può
che significare iniziare nel 2049.

Cosi impostato tale accordo non può che essere giudicato
uno sprovveduto raggiro visto che non sono state fissate a
apriori soglie almeno quinquennali dell'entità della riduzione
del riscaldamento e quindi sulla consistenza della transizione
energetica e quindi sulla riduzione dell'uso dei combustibili
fossili e quindi sulle emissioni di CO_2.

Se non provvedono i governanti del mondo, da dove deve
provenire un'accelerazione dei passaggi sopraddetti?

**Dalla base popolare mondiale con manifestazioni in
tutte le piazze mondiali violente e ingovernabili?**

Quindi occorre **URGENTEMENTE** che i governanti con
tanto buon senso si rimettano con solerzia attorno ad un tavolo, accantonino i se, i ma e i quando e guardino alla sola,
unica, **grande certezza.**

PARTE 10ª

Ipotesi di iniziative per velocizzare la transizione energetica e ridurre il riscaldamento climatico

Punto 1°
Il contenimento del riscaldamento, al di là dei specifici interessi dei paesi produttori di combustibili fossili, dei gradimenti delle popolazioni, degli interessi economici che in questo settore sviluppa mezzo mondo, necessita di una **veloce, immediata e consistente riduzione** dell'energia da fonti fossili.

Punto 2°
Gli stati più sensibili alla tematica ambientale e più portati verso la transizione energetica, comprendano le esigenze dei paesi produttori e congiuntamente si individui una strada intermedia che porti contemporaneamente una riduzione dell'uso dei carburanti fossili e agevolazioni economiche, finanziarie, organizzative, strutturali, di sviluppo complessivo dei paesi produttori.

Punto 3°
Si attivi l'accelerazione di ricerche più efficaci per una più veloce transizione energetica comune a tutti i paesi del mondo. Chi altera il clima non lo altera solamente nel proprio paese ma

altera il clima mondiale e quindi comprendiamo che il bene e il male vanno comunque condivisi.

Punto 4°

Un impegno globale a bloccare le deforestazioni sostenendo i paesi che si impegnano in tale senso e avviare un'azione di rimboschimento planetario ove ogni paese, ogni comunità si impegna a imboschire tutte le aree disponibili a tale scopo.

Punto 5°

Iniziare l'immediata riduzione dei consumi di carburanti fossili a partire dai mezzi di trasporto, che consentirebbe una forte riduzione delle emissioni di CO_2 nel breve termine, da realizzarsi utilizzando mezzi ibridi, (benzina e frenata rigenerativa, recupero calore motore tramite effetto termoionico, tettucci e cofani auto con pannelli fotovoltaici, recupero calore motori endotermici, quant'altro la tecnologia è capace di studiare. Le macchine ibride potrebbero circolare con meno della decima parte di carburante utilizzato e quindi con una riduzione del 90% di emissioni di CO_2 e quindi riduzione di diverse giga tonnellata di emissioni.

Punto 6°

Fotovoltaico, agri-fotovoltaico con investimenti tali da affrontare seriamente il problema del riscaldamento, solare termico da posizionare in tutti gli edifici, fabbriche e similari del pianeta. Impianti eolici che, anche se alterano la visibilità ambientale, ne salvano l'esistenza.

Punto 7°

Concentrare un massiccio impegno economico mondiale principalmente da parte dei paesi più ricchi a sostegno di ogni iniziativa, dalla più semplice alla più impegnativa per il contenimento del riscaldamento del pianeta.

Quant'altro saremo capaci di "inventarci" e infine per ultimo, se proprio indispensabile, l'energia nucleare.
TRANSIZIONE ENERGETICA PER LA
SOPRAVVIVENZA NEL PIANETA.

Punto 8°

Saremo in grado, non entro il 2050 ma nel giro di dieci anni, di raggiungere tali obiettivi?

E se non li raggiungiamo quali scenari ci attendono?

Prima di concludere, scusandomi per l'insistenza del ripetere alcuni concetti, desidero sintetizzare ancora una volta ciò cui possiamo andare incontro se non fermiamo il riscaldamento.

a) Temperature primaverili-estivo-autunnali impossibili.

b) Crollo della produzione alimentare del pianeta

c) Cambio del modus vivendi delle popolazioni

d) Transumanze di centinaia di milioni di persone

e) Moltiplicarsi di focolai di guerre a difesa confini dei paesi.

f) Pericolo di una eventuale devastante guerra mondiale.

CONCLUSIONI

Stiamo bruciando in 150 anni le risorse energetiche che la terra ha accumulato nel sottosuolo in miliardi di anni e li abbiamo trasformate in danni per tutta la biosfera.

I segnali del cambiamento climatico sono tanti e sono sotto gli occhi di tutti.

Ciò che ancora non abbiamo percepito che il riscaldamento non sta avvenendo in modo graduale ma repentino e che si tratta di una vera e propria **ipertermia del pianeta.**

L'aumento delle temperature calcolato in modo sottostimato in 4,6° C in dieci anni, potrebbe rivelarsi riduttivo rispetto a quanto realmente potrebbe verificarsi e non a caso, anche Keeling, ha indicato che l'incremento di co2 prodotta nell'anno 2023 è passato da 2 ppmv a 3 ppmv e se dovesse aumentare la produzioni di carburanti fossili, come nelle previsioni degli Stati produttori di carburanti fossili, che prevedono aumenti di diversi punti percentuali, non sarebbe lontana l'ipotesi di arrivare anche ad 1°C anno.

Un balzo tanto violento ci coglierebbe di sorpresa e quindi ci ritroveremmo dall'oggi al domani davanti a conseguenze drammatiche.

Non so se siamo ancora in tempo a fermarci e sopravvivere oppure continuare e assistere al nostro fallimento.

Cosi noi uomini già sapiens e adesso energivori, rischiamo il nostro fallimento e la nostra estinzione.

Un mondo di uomini tolleranti, comprensivi e remissivi, buoni e onesti, incapaci di malefatte, non può essere travolto da una minoranza di sciacalli avidi e assetati di ricchezze, nemici dell'umanità e persino di loro stessi.

Sicuramente no, penso che nessuno lo vuole!!!!

Dobbiamo invece posizionare e dirigere l'obiettivo su ciò che la natura si aspetta da noi: ***RISPETTO PER IL CREATO!!!!***

Avere la visione di un pianeta vivente, un mondo di verde, di colori, con cieli e mari azzurri, aria fresca e pulita, di mamme gestanti a passeggio nei parchi tenendo per mano o guardando i bimbi che giocano vicino ad un laghetto di acqua cristallina pieno di pesci, con anatre a guazzare e uccelli a cinguettare.

Seduti sulle panchine a sonnecchiare i nostri vecchietti, al tramonto della loro esistenza, felici osservatori di un mondo che ha ritrovato la sua bellezza.

Ciclo dell'ipertermia del pianeta

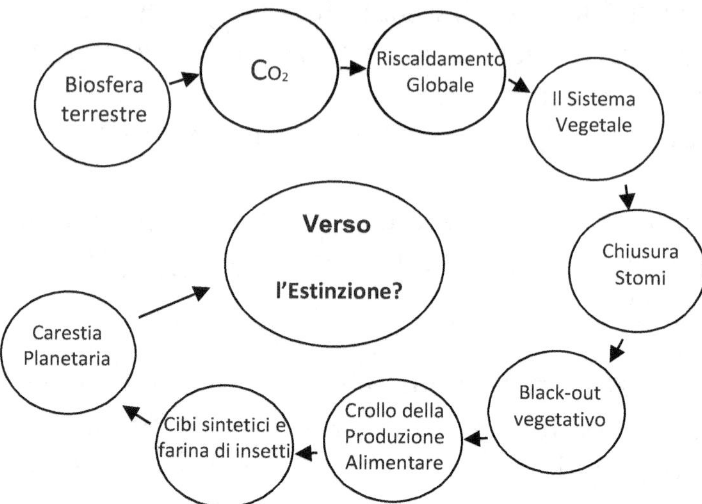

Il presente libro si pone l'obiettivo di far comprendere che l'ora della campanella della transizione energica e dell'abbandono dai carburanti fossili è suonata.

Si vuole mettere a nudo, in modo trasparente e cristallino, la realtà ambientale del pianeta e, con numeri alla mano e quindi con una sequenza di conteggi dedicati, messi a confronto con dati e comunicati ufficiali, dimostrare che invertire la rotta del **qualunquismo ambientale** è diventato ineludibile.

Con il nostro comportamento e il nostro modo di vivere quotidiano stiamo alterando il "**creato**", ne siamo divenuti elementi di disturbo, dimenticando che noi uomini siamo solamente una parte di esso, non proprio necessaria, né indispensabile.

Alterare il clima, inquinare l'aria, insudiciare la terra e il mare, è un peccato capitale che può solamente produrre una sentenza finale di estinzione del mondo animale, del mondo vegetale (incolpevoli) e dell'uomo che ne è l'unico responsabile.

INDICE